征战
中国稀土

吴海明◇著

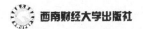
西南财经大学出版社

contents 目录

推荐序

　　1992年邓小平同志在南方视察时说过"中东有石油，中国有稀土，一定要把稀土的事情办好，把我国稀土优势发挥出来"。改革总设计师的话饱含了对中国稀土产业发展的殷切期望。OPEC（石油输出国组织）成员国掌控了石油的国际定价及供应，美国华尔街控制了黄金的国际定价及走势，欧洲控制了白银的国际定价及走势。超级大国都通过对稀缺性资源进行货币化、证券化的操控，控制了石油、黄金、白银等的定价权，而中国作为国际第二大经济体却缺失在国际资源及资本市场的话语权。因此，稀土开发、交易是众望所归。

　　时隔25年，全球95%的稀土由稀土储量不到全球26%的中国供应，而中国稀土产业尚没有在国际及国内获得长足的发展，甚至在国际贸易中稀土还被卖出了白菜价！究其原因是多方面的，除了私挖滥采的黑稀土泛滥外，其中最重要的就是缺失在国际及国内市场化的第三方定价及交易平台，缺失金融投资功能。这个平台的缺失才是稀土产业发展的最大失误！从目前稀土供应量来看，中国政府完全可以通过稀土在国际上的影响力来进一步控制稀土的国际定价权，通过市场化、金融化两个手段把稀土在国际上的交易及定价权牢牢掌握在手上，从而让中国在国际稀缺性资源上掌握一个重要的资源货币化的筹码。中国失去了黄金及白银的定价权，失去了石油的定价权，但是不能再失去稀土的国际话语权。

近年来，以美国为首的西方国家频频施压，要求中国放开稀土出口限制。风波背后隐现一串疑问：稀土珍贵，贵在哪里？作为稀土消耗量最大的国家，美国为何在20世纪末关闭了自己国内的矿井？WTO（世界贸易组织）败诉后，中国如何守住稀土，争取控制权？海外在保护国家战略资源，争取定价权方面都有哪些值得借鉴的经验？未来五年，中国在稀土领域还会有哪些动作？

本书以通俗的语言、投资的眼光、金融的视角抽丝剥茧般地对中国稀土产业进行了前瞻性的行业解读。从国内行业发展现状分析，到行业发展的机遇及手段，再到未来稀土证券化的趋势及金融平台的重要性剖析，由浅及深，专业但不枯燥，读起来甚至有荡气回肠之感，让人不禁掩卷深思。稀土战争，一场中国输不起的战争。而吴海明先生作为国内首家专业从事稀土产品现货电子交易的南交所稀土产品证券化项目的创始人，他的探索在一定程度上已然成为国家稀土大战略实施的一个成功样本。

以WTO稀土诉讼为例，美国、欧盟、日本为何一定要求中国放开稀土出口限制？

从珍稀程度和广泛用途上来说，稀土和黄金、白银一样珍贵。而稀贵金属市场并不是一个单纯的商品市场。比如，白银和黄金的交易以及定价对整个货币市场都会产生重要影响，诸多货币跟黄金、白银之间的"兑换"不仅会影响到该货币跟美元的汇率，也体现着国际资金的流向和结算模式。

如果中国的稀土也和黄金、白银一样实现证券化和货币化，那么中国对国际稀土市场的控制力和定价权将不可估量。依托强大的资源优势，中国必须控制稀土市场！然而，即将敞开大门迎接国际竞争的中国稀土产业，如何获取产业控制权和定价权？这也是本书的写作重点之一。

目前国内稀土行业的发展其实就是一场不见硝烟的货币战争，国家除了在稀土开采、冶炼两个环节实施指标管控外，在国际贸易环节上已经无路可退（WTO败诉后取消关税）。如何更好地治理及引导稀土产业的健康发展，更好地适应国际经济变化的新常态？答案只有一个：运用市场化的金融手段，引导更多的财政资金、产业资金对稀土全产业链进行投资，从矿山的绿色开采、高效的冶炼到综合回收、市场化的交易、证券化的金融手段，在整个产业链上多投资、多流转、多创造价值，这样就能高效地运用好稀土开采指标，最大限度地提高稀土在产业链上的投资价格，更好地适应经济运行新常态。这才是未来稀土产业的源动力。

2014年是内忧外患的一年，中国稀土行业经历了WTO败诉、打击整顿黑稀土、运用市场低迷、部分产能过剩的一年。正是在这样的产业环境下，南交所稀土产品交易中心筹划此系列专题丛书，意在引导更多的群体参与到稀土行业的投资盛宴中来，促进稀土产业链更好更快地升级与发展，同时引导读者及行业内人士进行思考并给行业提供健康发展的建议。

习近平总书记对科技发展提出新要求：要深化科技体制改革，真正把创新驱动发展战略落到实处。稀土属于战略性稀缺资源，更加需要强化管制。重要的是落实，就是要抓好创新驱动，创新要科技化、多元化双轮驱动，重点围绕资源整合、战略性新材料运用研发、金融创新手段等方面下大力气推动发展。

我欣喜地看到南交所稀土产品交易中心负责人吴海明先生对稀土产业的金融手段做了诸多的创新及研究，在稀土产品证券化的投资交易平台建设上也做出了积极的探讨及尝试，逐渐地影响和推动着稀土金融化、证券化的发展。我相信这个方向是对的。只有通过产业的多元化创新驱动，调动更多的社会资金参与稀土全产业链的投资，扩大稀土产业投资产值，强化中国的稀土资源在国际上的影响力及竞争力，最后掌控国际稀土的定价权，形成中国独特的稀土货币化的国际话语权，那么这场围绕稀土资源而展开的没有硝烟的战争才算赢了。

中国工程院院士、中国工程院副院长、中国稀土学会理事长、中国稀土行业协会会长

自序：征战与梦想

写下"征战"两字，已经注定不可能以如诗般的文字来表达及叙述，但也不敢用豪言壮语来抒发此时的心情。作为全新的商业模式，稀土证券化似乎前路有些渺茫遥远，当我们将起衣袖准备大干一场的时候，脚步也就略显沉重。就在这一年（2014年），我率领小伙伴们怀揣着打造中国首个稀土证券化投资平台的梦想出发，从零开始，经过200多个日夜的奔跑，如今迎来40亿元的交易额大关，此时此刻就如山顶观日出，扑面而来的已经是霞光万丈……

是互联网金融的梦想驱使着我们夙夜前行。最初，没有鲜花和掌声，只有此起彼伏的质疑声，但挫折和打击反而激发了我们无穷的斗志：试过一周内驱车5 000千米辗转闽、粤、赣三省，也试过一天内飞深圳、梅州、广州三地，赶三趟飞机，就为完成一份申报材料，也试过在北京为了避开交通拥堵早上5点出门，一天六拨客人连轴转，披星戴月回到酒店已经是次日凌晨……就这样累并快乐着，从位于山区的平远出发，走出客家围屋，走进省城，感动京城……

我一直信奉传媒的力量，这个多少与我曾经供职传媒有关，井底吆喝只能百步回响，高地振呼才能响彻千里，于是我像个传教士一样奔走于中央及地方各大媒体、全国各个门户及垂直网站；一场场座谈会，一个个电话会议，一篇篇专业稿件，就这样敲响了稀土证券化这扇从未开启过的大门。

进入2014年5月，"中国稀土征战2014"工程正式启动，从中央到地方的媒体陆续推出"稀土证券化投资是块小鲜肉""稀土证券化助推产业升级""稀土产品交易平台南北呼应"等系列报道，新华网、人民网、凤凰网、一财网、腾讯、新浪、网易、搜狐、东方财富网、中国稀土在线、《中国证券报》等跟踪报道，一时间国内著名稀土企业纷纷造访寂寂无闻的湖南南方稀贵金属交易所股份有限公司（以下简称南交所）所属的稀土产品交易中心，中科三环、安泰科技、盛和资源、首钢磁材、广晟有色、科恒股份都派人到设于广东平远县的南交所稀土产品交易中心调研。

"背起梦想出发，不管山高路远，方向对了，路将不远。"这是十几年前我的挚友秦朔（时任《南风窗》杂志总编辑，现任《第一财经日报》报社总编辑）说过的话，时隔多年，依然对我影响颇深。在调研完闽、粤、赣、桂四省及走访完内蒙古、山东、广西、四川等多个稀土大省后，一连串的问题让我彻夜不眠：为什么如此稀缺的资源竟然没有一个公允的第三方交易平台？造成昔日稀土白菜价的外贸与如今萧条的稀土贸易的核心原因在哪里？前几年稀土产品价格过山车式的涨跌又是什么原因造成的？带着这些问题，我与中国科学院、中国工程院、北京大学、清华大学、中国稀土学会及中国稀土行业协会的专家学者进行了深入沟通，调研后一股莫名的冲动从我心头涌起：一定要尝试建立一个稀土产品的第三方交易及定价平台。带着这份纯真的梦想，带着几分野蛮的执着，带着几分啃骨头的狠劲儿，我们的梦想幸运地得到了县级、地市、省级及国家部委的正面肯定，南交所稀土产品交易中心顺利落户广东平远县。

如今南交所稀土产品交易中心已经顺利起步，区区40亿元的交易量与6 000亿元的交易"天花板"比，尚属婴儿学步，但其对国内稀土交易概念影响颇深，国内类似的大宗商品交易平台渤海商品交易所（渤商所）及泛亚有色金属交易所（泛亚所）也陆续增加了稀土氧化物的交易品种。随着南北稀土产品交易所及其他交易平台的推动，国内目前已经基本形成了"稀土产品证券化"的投资概念；而回望走过的200多个日夜，这个征途虽然没有硝烟，却充满宕起伏，毕竟这是前所未有的事业，需要的是赤膊奋战的胆魄及百折不挠的精神。

征途已经开始，梦想仍在路上，这篇心语就权当在孤独时候给自己壮胆的酒。我深深知道，一个人无法改变趋势，一旦形成趋势则没有一个人能够阻挡，就如互联网经济一样，在不经意之间，随意地改变了社会诸多的规则。我同样期待，稀土证券化会有那么一天，因为梦一直在路上，没有停歇……

第一章

WTO稀土败诉背后的阴谋

第一节　稀土、敌人和狗

在进入标签化的21世纪的今天，聪明的美国人已经把"山姆大叔""国际警察"这些标签悄悄地换了。大国的博弈早已经不需要舞动铁棒秀肌肉，军备及军事竞赛动静太大。山姆大叔的野心没变、野性没变，但标签及手段已经悄悄地转变了，由之前粗暴的介入区域性冲突转变为一双无形的手，一只手是输出美国的文化（美国英雄式的好莱坞大片、充满激情及自由的互联网精神等），另一只手是华尔街资本市场（通过证券化手段利用美元及黄金掠夺全世界新经济成果的货币战争）。

美国没有放弃以武力对全球的控制及影响，但不再轻易动武，取而代之的是15年来一直潜在的货币战争，WTO不过是类似联合国安理会一样几乎受控于美国的合法合理的"第三方平台"。美元、黄金、文化就像美国的三驾马车，肆无忌惮地横扫着世界各国的经济及文化。

已经成为世界第二大经济体的中国，每年经济以高于7%的速度增长，这艘"经济航母"不能不引起美国、英国等其他超级大国的恐惧及打压。稀土，就是能触动其他超级大国神经的资源体，因为稀土来自中国，且是稀缺的战略物资、廉价的战略资源，他们不希望逐渐觉醒的中国政府管制稀土资源。

于是，一场注定中国会败诉的贸易诉讼就此拉开了帷幕……

上学交学费，自古有之，在《论语》里就有"自行束脩以上，吾未尝无诲焉"的记载。在国际这所大学中，一个国家也需要在贸易摩擦中或贸易诉讼战争中交足学费，才会懂得如何在国际上立足、如何维护自己的权益。

日本和韩国都是好学生，在遭遇多次欧美反倾销诉讼、专利权诉讼之后，很快就学会了国际游戏规则，然后利用对自己有利的游戏规则，反击欧美。中国也在国际上交了不少学费，这不，WTO稀土案，中国又败诉了。而对这一次的败诉中国政府似乎早有准备，其中蕴含了不少政治智慧，以时间换空间的稀土大国战略也逐渐清晰，本书将在不同章节对此逐一细述。

这仅仅是个开始。中国已经开始在争夺稀土产品国际定价权的大战略上悄然布局，一场没有硝烟的国际金融战役在稀土争夺中正式打响。中国政府相关部门以以进制退的方式保卫稀土，同时希望凭借稀土这一国际稀缺性战略资源重新掌控中国在国际舞台上的话语权，逐渐确立属于中国的标签：稀土及稀土的国际话语权、高铁及一路一带的经济渗透、登月及蛟龙计划……未来属于中国的元素除了人民币之外，应该还有许多。

一、中国从败诉中学到了什么？

2014年3月26日WTO公布了稀土案专家组报告，裁定中国稀土出口管理措施违规。至此，历时两年的中国WTO稀土案有了初步的结果。

对于这个结果，中国是有心理准备的。因为从两年前开始，关于这场稀土战争的结局预言便已被无数次重复，甚至内容基本完全一样的官司我们在2012年也已经输过一回，上次的结果是中国被迫开放铝土、焦炭等9种工业原材料出口。而这次，不知道我们利用上诉期争取来的时间组建的六大稀土集团是否可以亡羊补牢，不知道我们能否在入世的第14年有底气地说出"我们不用再交学费了"这句话。

在业内人士看来，稀土诉讼失败未必完全是坏消息，它或许能倒逼我国加速稀土行业市场化松绑。笔者作为长期深入研究稀土产业链布局及龙头企业经营状况的一分子，诸多观点都被业内同行高度认同。败诉后，笔者的马甲账号"岭南稀土部队"在新华网博客撰文指出，"仅仅靠封闭资源是没有作用的，对外要紧，对内要松。话语权是一种掌控能力，是对整个稀土产业链的控制力，需要有资源、有技术、有市场，三者缺一不可。要将有限的资源用在本国的科技创新之中，引导产业投资，鼓励高端技术的创新，打造一个国家级交易平台促进产品流动。国内有内需了，稀土自然就不会被贱卖出去了，再通过内需来进一步掌控稀土产品的国际定价权限。"这篇文章被国内各大主流财经媒体转载。

将WTO稀土案的焦点看作贸易自由和资源保护之间的斗争，这是许多国际及国内贸易商肤浅的理解。在笔者看来，此次WTO稀土案的败诉加强了中国政府对于稀土资源稀缺性及重要性的认识，并促使中国利用稀土在国际贸易及军事运用中的不可或缺性来对新经济、新常态下的国际关系进行重新评估。

诉讼方美国、欧盟、日本认为，中国稀土、钨、钼相关产品的出口关税、出口配额以及出口配额管理和分配措施违反了WTO自由贸易原则，要求中国开放稀土出口。这只是公开的部分，隐蔽的那部分才是这些国家及经济体的核心。暗地里，这就是一场关于超级大国希望再次掌控甚至能制衡中国的另一种工具——控制稀土的话语权！

十八大以后，以中共中央总书记习近平为核心的党政班子及国务院相关领导对稀土资源的重要性及战略性其实早就心知肚明，只是在按照国际惯例慢慢出牌，同时利用上诉机会尽可能争取时间来对国内的稀土产业进行摸底、调研、整理、整顿及归口管理的政策制定。中国政府认为，世贸组织既强调贸易自由，也尊重自然资源主权，并允许成员采取必要手段实现资源保护目标。于是，中国政府出招，祭出环保诉求上诉，这就是中国在稀土贸易战首次败诉后的上诉理由，其实质就是一个以时间换空间的缓冲，这一招足以让中国政府重新对稀土战略的管控进行调整。一方面要适应WTO的贸易惯例恢复稀土出口；另一方面也需要时间实现对国门大开后的稀土这一稀缺资源的变相管控。

2012年《中国的稀土状况与政策》白皮书指出，中国以23%的稀土资源承担了世界90%以上的市场供应，满足了世界各国特别是发达国家高技术产业发展的需求。但是中国在开采稀土时付出了巨大的环境代价，稀土分离的化学过程产生大量污染物，对环境造成极大破坏，经过半个多世纪的超强度开采，中国稀土资源保有储量及保障年限不断下降，主要矿区资源加速衰减，原有矿山资源大多枯竭。其中仅稀土资源丰富的赣南地区，如果要对因开采稀土等矿产而被破坏的土地进行生态修复，初步预计资金投入就将高达380亿元以上。面对稀土行业存在的资源过度开发、生态环境破坏严重、产业结构不合理、价格严重背离价值等问题，中国将加强稀土行业的科学管理，推动稀土行业持续健康发展。而政府采取的措施就是限制稀土出口量和提高稀土出口关税。一些地方因为过度开采稀土，还造成山体滑坡、河道堵塞、突发性环境污染事件，甚至发生重大事故灾难，给公众的生命健康和生态环境造成重大损害，而生态环境的恢复与治理也成为一些稀土产区的沉重负担。

WTO稀土案专家组虽然确认了资源主权原则，认可中国以可持续发展方针行使自然资源主权的权利，赞同中国实施资源综合保护政策，并对中国在资源保护方面所做的努力予以肯定，但认为中国"保护资源说"的抗辩"不能令人信服"，中方不能证明出口制度的设计是为了保护人类、动植物的生命和健康，并对环境目标的实现做出了"实质贡献"；认为限制出口另有因，并以此判定中国败诉。

专家分析指出，不管此次稀土案胜败如何，可以肯定的是，基于环境保护的目标，即使不再对稀土出口实施关税和配额措施，中国也应加强对稀土行业的管理，从源头上打击非法探采、走私黑稀土的行为，应掌控采矿、分离这两项指标不变，给国内稀土行业的市场化松绑并提高矿产资源税。目前中国政府最应做的事是限制国内稀土的开采和淘汰产能落后的稀土冶炼分离企业，这样才能使稀土资源得到真正的保护。

如果你把这个诉讼仅仅当作单纯诉讼事件来看，那就太天真了。国际诉讼是国家博弈的一种方式而已，以达到自己不可告人的目的，有一方受益则必有一方受损。例如巴西的铁矿、智利的铜矿几乎对全球的有色金属市场都会产生重大影响，大国几乎都会动用国际贸易裁定来平衡自身国家的产业利益。WTO稀土案就是西方国家企图利用WTO贸易裁定来哄抢中国优质廉价的稀土资源。等稀土资源在全世界几近枯竭的时候，中国很有可能已无稀土可用。

再来看看国际上另外一种稀缺资源——石油。由于美国本土的石油储备战略已经实施近百年，加上本土岩页油已经实现规模开发利用，尽管OPEC对石油出口采取配额制，欧美及其他发达国家也均无异议；为保护环境、打击走私以及保证产业的可持续发展，中国对稀土出口同样采取配额制，但欧、美、日抗议，上诉到WTO。如同一场多国"演义"，为扩大中国的稀土出口配额，美、欧、日联手，借助WTO组织对中国施压。这背后是资源定价权及话语权的竞争，其成败对中国政府来讲意义重大而深远。

二、此处人傻"土"多，速来

"中东有石油，中国有稀土。"改革开放总设计师邓小平在南方考察时的一句话道出了中国稀土大国的地位。然而，在发达国家先后将稀土视为战略资源并有所行动的时候，稀土在中国更多地被看作是换取外汇的普通商品。中国稀有金属遭遇贱卖的现实让人再也自豪不起来。

由于中国稀土产业的技术研究基础较差，起步较晚，加上对研发重视不足，导致大量科研人员远赴海外，在日本及美国的大型企业中供职并致力于稀土产业运用技术的研究，所以在磁性材料、储氢储能、发光材料、催化运用等方面的国际领先专利技术几乎被日本及美国垄断，而专利发明人中却不乏中国人，这真是莫大的悲哀！

资料显示，除了1989年和2007年有特殊情况，我国稀土出口产品的平均价格在10美元/千克左右，甚至出现过不到6美元/千克的超低价。而国家在2007年为了限制稀土出口而颁布实施的一系列政策使得其价格曾一度攀升到17美元/千克的高价。但相对于稀土的稀缺和广泛应用来说，这个价格是非常低的。稀土只卖出了个"白菜价"。

五矿集团总裁助理王炯辉接受媒体采访的一席话，道出了稀土产业在深加工领域的短板：1元钱的稀土原料，我们粗加工最多卖10元、20元，到欧美做成产品后，我们就要花1 000元才能买回来。

近年来日本、美国、法国进口中国稀土比例见下表：

年　　度	2004	2005	2006	2007	2008
占有比（%）	93.70	84.18	75.13	79.27	67.15

目前，我国的稀土产品主要出口到日本、美国、法国、荷兰和意大利等国。日本是一个矿产资源缺乏的国家，而日本的电子产业较为发达，全球一半以上的阴极射线管在日本生产，因此对稀土需求量较大，对中国稀土产品的依赖性很强。2008年，美国稀土进口量占中国稀土出口量的17.3%，美国将稀土主要用于催化剂工业，其需求增长率一直超过国内生产总值的增长率。

中国改革开放只有短短的三十多年，对于资源保护的认识也是近些年才刚刚开始的。如果谁还宣传中国"地大物博，物产丰富",不是无知,就是别有用心。再地大物博也顶不住众多人口的消耗。如今的中国早已是资源进口大国。中国56.5%的石油、60%的铝土、超过50%的铁矿石都是进口的,黄金、白银这些珍贵金属的匮乏更是毋庸多言。

与中国一样,美国、俄罗斯和澳大利亚都是稀土储量大国,但这些国家不开采自己的稀土资源,而是当作战略储备,反逼中国低价出口稀土。以美国为例,位于加州拉斯维加斯西南的芒登帕斯稀土矿曾经是世界上主要的稀土矿之一,该矿每年生产的2万吨稀土氧化物几乎相当于当时美国全部的稀土产量,也是当时世界总产量的三分之一,使美国成为20世纪80年代世界上最大的稀土供应国。进入20世纪90年代后,中国的廉价稀土进入国际市场,美国自然乐于封存自己的矿山资源。2000年左右,芒登帕斯稀土矿关闭,美国开始从中国进口廉价稀土。而中国的稀土资源储量却从占比世界的45%降至24%,形势极为严峻。

日本没有稀土的自然储备,但早在1983年,日本就出台了稀有矿产战略储备制度并执行至今,储备对象为镍、铬、钨、钴、钼、钒、锰等7种稀有金属,其进口依赖度超过90%。随后,日本又把铂、铟及稀土三种资源纳入储备对象,这三者都是日本最顶尖的汽车、电子、信息等产业急需的物资。因此,日本一方面储备,一方面想方设法进口这些资源。日本储备的稀土大约83%来自中国。在获得大量稀土后,日本将这些足够使用20年(也有报道说

40年）的资源贮存在海底。

然而西方国家无视中国以世界24%的储量供应着世界90%的稀土需求的事实，总是对中国的稀土开采和出口政策说三道四，并用尽威逼利诱的手段，一定要求中国放开稀土出口限制。稀土出口的国门一旦打开，中国稀土资源将岌岌可危。

自从中国宣布出于保护自然资源考虑整顿稀土出口后，稀土消费大户日本便如热锅上的蚂蚁，一会儿宣布提前实施开发稀土替代资源计划，一会儿说要同蒙古国共同开发稀土资源，同时还给中国扣上"垄断"和"不公正贸易"的帽子。美国等国起诉中国的动机是司马昭之心路人皆知。

三、稀土不是土，是政治工具

在中国，随着经济体量的高速发展，本土居民收入及生活水平的快速提升，香港、澳门回归后的经济发展问题都水到渠成地解决了，"中国大妈"一词甚至成为黄金市场购买力的代名词。

2014年，随着黄金脱离美元化后，美国政府通过华尔街开始对大宗商品恶意做空，金、银、铜、铁、铅、锌、铝、石油等大宗商品跌幅超过40%，以有色金属为代表的大宗商品被美国政府恶意做空以彰显美元的强劲，随着美元的升值，又以美元的结算优势获利，形成了利益跷跷板，这就是美国政府的一着棋！

而中国，完全可以利用目前稀土及稀土材料在全球市场供应量的影响力，把稀土作为大国之间的政治及经济杠杆，通过对外战略管控及对内产业调控的手段，把稀土当成继黄金、白银之后又一个准货币工具，重新洗牌，对全球的稀土资源进行再分配，从而获得中国政府需要的一些战略资源置换。这才是中国政府高层重视及思考的重要着力点！

西方国家有自己的思维方式。中国虽然希望和平崛起，也在宣传和平崛起的理念，但是西方人怎么看待中国的崛起，不是中国能左右的。毋庸置疑的是，西方诸国都想以各种途径来限制中国的崛起。沉睡百年的东方雄狮一旦苏醒，世界格局将发生改变。而掠夺稀土资源，是西方诸国限制中国崛起的一条重要途径。

自从美国宣布"重返亚洲"战略之后，针对中国的没有硝烟的战争就一直没有间断。中国已经是美国最大的假想敌。2014年11/12月号的《国家利益》杂志就问，中国会因一个世纪以来在西方遭受到的屈辱而采取报复措施吗？文章担心中国目前可能只是隐忍不发、韬光养晦，等待积蓄足够的力量后再进行报复。

自从1978年邓小平倡导的改革开放成为中国的基本国策，中国就走上了一条和平崛起的发展道路。在经济全球化迅猛发展的时代条件下，中国不会也不需要挑战现存的国际秩序，采用争霸或损害别国利益的方式来实现自己的战略目标。

然而中国宣传的和平崛起的战略理念西方人会接受吗？当然不会，看看每年美国在亚洲举行的军演，就知道其假想敌是谁了。

现有的国际社会就像一个黑社会，以黑老大为首，一些骨干小弟、打手国家组成了国际体系中的黑帮统治阶层，他们处于地球村的中心圈子内，并向围绕这个统治集团圈子外围的其他国家收保护费，进行压榨。这就是国际关系里的中心边缘理论。这个处于中心地位的国际黑社会组织，有着其独特的行为内在逻辑，还有若干条帮规作为国际潜规则要求世界各国必须遵守，任何威胁到黑老大地位的人都会被收拾。

对于西方而言，中国不能崛起当然是最好，但是这个问题在2008年前说，还有点可能，今天看来已经是幼稚的一厢情愿。中国占据了2014年全球第二大经济体的位置，而且与美国的经济体量差距越来越小。因此，对于西方而言，中国如何崛起才是问题的核心。

如果中国的崛起想跟苏联一样，另搞一个黑社会组织与之对抗，就是危害既有国际体系，会被整个既有体系集团群殴。中国选择了独立自主不结盟的路径，已经宣告了中国不会成为黑老大的小弟。中国再怎么宣传和平崛起，都无法改变西方对中国崛起的敌视。

虽为"稀土王国"，但中国在国际上却几乎没有定价权和话语权，加上国内稀土产业发展相对滞后，技术运用落后，在国内稀土的使用也几乎是仅限于日本及美国专利的加工商或者是代工商，稀土价值都被国外专利技术的持有商赚取了，中国本土企业最多落得加工的人工费用。不仅如此，国外诸多国家借助贸易商渠道大量从中国进口稀土，用于战略储备及日常消耗，中国稀土20多年来被当成萝卜、白菜一样贱卖出去。

当中国用限制出口来保卫自己的稀土资源的时候，却遭受到西方的激烈反对。稀土出口问题直接上升到中国崛起和中国威胁的政治问题。中国从限制稀土出口那一刻起，日、美等国就认为中国向他们开战了。而中国显然在最初并没有认识到稀土政治博弈问题的严重性，应对失策，以至于处处受制于人。

在人类历史上，后起大国的崛起，往往导致国际格局和世界秩序的严重失衡，甚至引发世界大战。德国和日本就是前车之鉴，苏联在这方面也有深刻的历史教训。在经济全球化的时代条件下，中国不希望重蹈覆辙。而稀土资源作为未来高精尖科技的原材料之一，其战略地位不容忽视，但是仅有的300亿元人民币的产值确实与62万亿元GDP不配套，这一产业的短板我们必须倍加关注，同时努力发展稀土产业的高技术运用，相信通过五年、十年的"卧薪尝胆"，一定会有所收获。

四、稀土产业数字，暗显中国稀土产业内伤

产业发展滞后放大了就是中国的内伤！2014年中国的GDP为620 346.25亿元，已经稳居世界第二大经济体，而泱泱大国的稀土总产值却仅为300亿元人民币（折合为美元还不足60亿美元）。在高速发展的中国，2014年钢铁的总产值约为1.7万亿元，水泥的总产

值约为8 000亿元，稀土产业无疑是严重落后的。

在稀土运用及发展如此迅猛的今天，中国本土的稀土产值如此滞后。让我来简单盘点下中国本土的稀土产业链主流知名企业（企业或股票简称），稀土的上游（探矿及采矿）有包钢稀土（现已经改成"北方稀土"）、广晟有色、五矿稀土、盛和资源、赣州稀土、厦门钨业、五矿发展、创兴资源。工信部2014年公布的稀土采矿指标为8万吨，分别下达给了以上八家企业，2015年工信部还将进行行业整合，将原来的46家采矿证缩减至44家，同时组建5+1稀土集团（六大稀土集团）管控稀土采矿指标。

再来盘点下中国的中游产业链，以经营烧结钕铁硼为主营业务的企业（企业或者股票简称）有宁波韵升、中科三环、正海磁材、太原刚玉、北矿磁材、安泰科技、中钢天源等，从事粘结钕铁硼的企业有宁波韵升、中科三环、银河磁材、北矿磁材、安泰科技、厦门钨业等，从事钐钴磁体的企业有宁波韵升、银河磁材、北矿磁材等，从事铝镍钴磁材的企业有宁波韵升，从事稀土下游发光材料的有科恒股份。

在全球瞩目的稀土光环下，2014年涉及稀土产业运用类的业绩亏损企业有五矿稀土、科恒股份等，稀土企业在国内的经营情况可以窥一斑见全豹了。

2014年全球稀土磁性材料总量约为11万吨，其中90%产能来自中国，也就是中国境内的稀土永磁企业生产了大约10万吨磁性材料。2014年中国的稀土催化材料中稀土的消费量（REO）为1万吨；稀土储氢合金材料1.7万吨，其中稀土消耗量约0.6吨。

目前稀土产业有多少问题需要处理，有多少短板需要补上，我想已经不是一个企业或者一个人能解决的了，需要的是国家在稀土战略资源的全球化视野下的思考。将来的稀土全球市场里中国是需要占主导位置的，同时稀土的定价权及话语权应该也掌握在自己手上。这条路注定是漫长而曲折的，但必须走下去！

五、中国稀土战略的几点思考

从2011年中国国务院发文《关于促进稀土产业健康发展的若干意见》至今已经三年多，国家八部委联合出手狠狠地打击了三大板块——稀土走私流出海外、国内私挖滥采、黑色贸易链条，似乎稀土行业迎来健康发展的太平盛世，但从稀土产业发展研究的角度来看，中国稀土产业真的要走上健康发展的道路还需要比较长的时间，原因有以下几点：

1. 中国稀土产品深加工运用技术研发缺少国家产业的系统支持。

除了北京大学稀土材料化学及应用国家重点实验室及中科院长春应用化学研究所两个国家级实验室外，地方性及龙头企业建立的配套技术实验室尚未成型。清华大学新材料学院翁端教授曾坦言："由于技术研发及实验需要大量的高端人才及资金配套，而许多高端技术型人才因在国内得不到重视而远赴海外，但当他们在海外实现技术运用高风险的前期研发及测试后，这些专利却被出资方锁定权益，这样往往丢失了人才及技术。"这导致中国稀土产业运用中的发光、永磁、催化三大技术被日本等国的企业垄断。中国五矿集团公司总裁助理王炯辉曾经说过一句倍显无奈的话："中国稀土的初级产品出口日本后，日本在深加工后以原价20倍的高价再卖回中国。"国内的产品一旦出口就涉及国际技术产权的诉讼，而中国的企业被迫支付高价的技术费用来换取产品的生产及出口。要想改变这个格局，从中央各部委到地方的相应机构必须狠下决心，从技术研发及高端人才的引进上配套产业扶持政策，每年拿出固定的奖励来扶持相关的龙头企业及高端人才，通过各级政府职能部门筛选，在各级地方的产业园区进行落地实施，最后形成一个能吸引海外高端人才回流、投资基金重点参与、企业家积极响应的良好氛围，只有这样才能形成一股强大的力量来发展稀土深加工产业。

2. 中国缺乏公允的交易及定价平台。

目前包头稀土交易所及南交所稀土产品交易中心两个专业从事稀土产品交易的机构，由于起步晚，加上实物贸易商对平台的认知度及认可度都不够，导致两个平台的日常交易并不火爆，实物贸易商的电话议价形式并没有得到根本改变。根据中国稀土行业协会统计，2013年全年国内稀土氧化物消耗量约2万吨，市场价值约300亿元人民币，如果稀土产品证券化，按照20倍换手率计算，全年可以承托6 000亿元电子盘的交易量。如此庞大的稀土氧化物交易市场在中国竟然才刚刚起步。南交所稀土产品交易中心于2014年1月4日正式运营，中国包头稀土产品交易所有限公司于2014年3月28日正式运行，这两个交易平台成立运作都仅一年时间，更加需要国家级部委及各省市职能部门给予政策性的指引，甚至出台政策性文件，鼓励国内的稀土产品贸易商进场交易，同时鼓励交易平台走到海外进行推广，让国际稀土贸易商参与交易，只有这样才能最后形成一个国内火热同时国际认同的交易定价平台。中国战略与管理学会会长秦朝英曾经说过一句针对中国稀土战略非常经典而精准的话："中国政府应该适时推出稀土货币，定向宽松地针对中国稀土产品发行20亿元可流通的稀土合金货币，让全民参与稀土货币的收储，多让市场参与全民收储稀土的战略，减少国家资源储备局的压力。"其实这就是未来真正实现稀土产品流通交易、实现国内外定价权的具体办法，目前尚未得到中央政府的高度重视及响应，所以中国争取世界稀土的定价权及话语权还得经历不少磨难。

3. "外紧内松"的政策方能打通稀土产业的任督两脉。

经过近几年对国内稀土行业的整治，目前走私出口、私挖滥采及黑色交易基本得到遏制，同时国内"稀土5+1"的集团整合雏形也基本形成。但是，国资主导下的整合并不是稀土产业健康发展的唯一法器，只有调动民间资本及市场资本对稀土产品的参与投资才能真正实现稀土产业的健康发展，否则，"国进民退"只能像2008年金融危机时的4万亿元拉动一样被市场诟病。中国科学院过程工程研究所张锁江所长也坦言，稀土产业的深加工技术除了部分专门服务于国防军工外，还有许多技术已经解密允许同步运用到各领域实现技术社会化、民间化，但是由于得不到很多资金的追捧和参与，有许多技术目前还停留在科学院及工程院的各个研究所中，尚未得到最大化的市场发挥。比如稀土合金钻石的物理折射性等各项指标都比得上金刚石（钻石），而且工业成本低，工艺水平及展示价值不比钻石差，完全可以大规模地生产"稀土钻石"，甚至可以逐步以"稀土钻石"代替天然钻石。因为许多投资者不了解，甚至一提到稀土就会想到"环境污染""指标管控""打击走私"等，导致许多省、市政府对外招商引资时都远离"稀土"，这影响了稀土产业的前景及爆发性。笔者认为：随着中国WTO败诉及继续上诉的影响，政府必须高度重视稀土政策的调整，即由"整合整顿"过渡到"外紧内松"并大力宣传，大力吸引新的投资者参与进来，呼吁更多的投资机构参与稀土产业的投资，同时在国内高端的政企媒体、财经媒体开辟舆论板块，高调给稀土产业"正本清源"。这样才能真正调动国资及民资共同推动和发展稀土产业，形成合力，实现稀土产业的真正繁荣。

目前中国政府可以说对外收紧了资源出口，对内清理了不良市场，刮骨疗伤后已经具备了健康发展的产业环境，唯一等待的就是舆论的春风能早日吹拂大地。我们希望能早日听到稀土产业冲锋的号角响起，也期待中国的稀土企业能早日崛起于世界企业之林！

第二节　西方国家为什么要抢夺中国的稀土？

稀土虽然名字中有"土"，但却是实实在在的金属，而且是非常珍贵的金属。稀土并不只是一种金属，而是一组金属的统称。

化学元素周期表中镧系元素——镧（La）、铈（Ce）、镨（Pr）、钕（Nd）、钷（Pm）、钐（Sm）、铕（Eu）、钆（Gd）、铽（Tb）、镝（Dy）、钬（Ho）、铒（Er）、铥（Tm）、镱（Yb）、镥（Lu），以及与镧系的15个元素密切相关的两个元素——钪（Sc）和钇（Y）共17种元素，称为稀土元素，简称稀土。

稀土元素又称稀土金属。稀土金属广泛应用于电子、石油化工、冶金、机械、能源、轻工、环境保护、农业等领域。稀土元素在地壳中并不稀少，只是分布极不均匀，主要集中在中国、美国、印度、俄罗斯、南非、澳大利亚、加拿大、埃及等几个国家。2013年，世界各国探明的稀土储量分布比例大约如下：中国占24%，美国占17%，独联体占24%，印度占4%，澳大利亚占2%。中国是世界上稀土资源储量最大的国家。

国内主要轻稀土矿有白云鄂博稀土矿、山东微山稀土矿、冕宁稀土矿，等等。在重稀土储量中重要的区域有江西赣州、福建龙岩、广东梅州等地，这些区域的离子型稀土矿目前是中国启动稀土战略收储的重要区域。

其实稀土在我们的衣食住行中就有广泛运用：飞机、汽车、汽油、电脑、手机、电视、摄像头、眼镜片、合金、五金、照明、衣服、涂料、染色剂、荧光粉等，几乎无处不在。

而当今世界，每6项新技术的发明就有一项与稀土有关，稀土是21世纪重要的战略资源。

一、美军使用的最好的武器系统100%依赖中国稀土

为什么"爱国者"导弹能比较轻易地击毁"飞毛腿"？尽管美制M1和苏制T-72坦克的主炮直射距离差距并不大，但为什么前者却总是能更早开火而且打得更准？为什么F-22战斗机可以超音速巡航？……

这些"为什么"反映了当今军事科技的巨大进步，也同时勾勒出了近20年世界的动荡与冲突。针对每一个"为什么"，都有其具体而明确的答案。不过，从材料科学的角度，稀土能够一次性解决上述所有问题。

稀土是关系到世界和平与国家安全的战略性金属。

"爱国者"导弹能比较轻易地击毁"飞毛腿"导弹，这得益于前者精确制导系统的出色工作。其制导系统中使用了大约4千克的钐钴磁体和钕铁硼磁体用于电子束聚焦，钐、钕是稀土元素。

M1坦克能做到先发制敌，因为该坦克所装备掺钕钇铝石榴石激光测距机，在晴朗的白天可以达到近4 000米的观瞄距离，而T-72的激光测距机能看到2 000米就算不错了。在夜间，加入稀土元素镧的夜视仪又成为伊拉克军队的梦魇。

至于F-22超音速巡航的功能则拜其强大的发动机以及轻而坚固的机身所赐，它们都大量使用稀土科技造就的特种材料。比如F119发动机叶片以及燃烧室使用了阻燃钛合金，这种钛合金的制造据说就使用了铼；而F-22的机身就是用稀土强化的镁钛合金，否则，超音速巡航中，F119强大的动力足以摧毁它自己。

事实上，凡称得上高技术的兵器无一没有稀土的身影。正因为如此，所以有人称"美国已戴上了中国稀土镣铐"。

美国地质学家维多利亚·布鲁斯（Victoria Bruce）2014年6月20日在美国"真相"网站发表文章，呼吁美国主要国防承包商的老总们采取行动，支持美国参议院正在讨论的国家稀土法案，摆脱对中国的依赖。

维多利亚·布鲁斯的文章称，同年5月，一群来自美国众议院军事委员会和参议院军事委员会的立法工作人员出席了在华盛顿举行的一场有关重大国家安全话题的新闻发布会——居于完全主导地位的中国稀土资源及其在美国国防部采购的武器系统中的应用。

最令与会人员吃惊的是发布会上播放的一部幻灯片。这部幻灯片显示，由于采用了必不可少的稀土元器件，美军使用的最好的武器系统100%依赖中国。它们包括：洛克希德—马丁公司的F-16战斗机、雷声公司的地空导弹、波音公司的"陆基中段防御"导弹、诺斯罗普—格鲁曼公司的"全球鹰"无人机以及通用原子公司的MQ-1"捕食者"无人机。如果没有从中国采购的稀土材料，美国至少有80种主要武器系统根本无法工作。

稀土的开发应用近几十年来为军事科技提供了推力强劲的引擎：海湾战争中那些匪夷所思的军事奇迹，美军在冷战后局部战争中所表现出的对战争进程的非对称性控制能力，从一定意义上说，都是稀土成就了这一切。

正因如此，稀土的开发和利用也孕育了巨大的危险。一方面，越来越多的国家、军事势力为了获得对对手的非对称性控制能力而参与稀土争夺与研发，孕育了军备竞赛的风险；另一方面，获得这种能力的国家更倾向于以威胁或战争解决争端。中国作为稀土储量大国有必要从源头上为这种军备竞赛降温，严格限制稀土开采，立即禁止稀土出口。

二、有了稀土，中国才能任性

稀土的功用不仅仅是在军事领域，在我们日常生活的方方面面都有着影响。稀土是工业必需的"维生素"，更有甚者曰："在高科技领域中，它与其他元素的关系是1和0。"它让"爱国者"制导更精准，它让手机、电脑更玲珑。

一句话：有了稀土，中国才能任性！稀土储备的重要性远超黄金。

三、假如没有稀土，中国的军备力量将大大削弱，后果不堪设想

有人把稀土称为"战争金属"，它大大促进了军事科技的发展。没有稀土，中国就无法制造各种高科技武器装备。

比如用于惯性导航系统的各类陀螺仪、加速度计、力矩电机等核心惯性测量元件，都需要使用稀土永磁材料。而如今，几乎所有的导弹都在使用这种惯性导航系统。

还有中国的潜艇，早期噪音特别大，根本隐藏不住，一出航就被敌人发现了。可现在，改用永磁电机推进的核潜艇静音效果非常好。

老话说，落后就要挨打，清末的历史已经验证了这一点。如果没有稀土，我们还能这般和平度日吗？

四、假如没有稀土，中国的医疗事业恐怕会倒退十几年，连核磁共振都没地儿做

就拿磁化水来说吧，绝对比SK Ⅱ 的神仙水还要管用！早在500年前，明代医学家李时珍就发现，经过磁力处理过的水具有"祛疮瘘，长肌肤""长饮令人有子，宜入酒"等功效。

此外，各种利用稀土永磁材料制作而成的磁疗用具如磁针、磁贴敷、磁性木梳、磁护膝、磁腰带等，还具有镇静、止痛、消炎、止痒、降压、止泻的功效。

更不用提当代医疗的革命性工具——核磁共振成像，和X光断层扫描相比，它具有安全、无痛苦、无损害、对比度高等优点。据了解，每一台医疗检查应用核磁共振仪，要用到2~5吨稀土永磁。要是没有稀土，中国人连核磁共振都没地儿做了！

五、假如没有稀土，中国的航天事业无从谈起

据了解，自20世纪50年代起，中国就将稀土镁合金大量应用于航空工业。20世纪70年代后，随着我国稀土工业的迅速发展，航空稀土开发应用更是跨入了自行研制的新阶段。新型稀土镁合金、铝合金、钛合金、高温合金、非金属材料、功能材料及稀土电机产品，早已在歼击机、强击机、直升机、无人驾驶机、民航机以及导弹卫星等产品上逐步得到推广和应用。

六、假如没有稀土，中国不会有联想、华为、小米，廉价手机你都没得挑

像联想、华为、小米等这些优秀的中国企业真是给我们在国际上长了不少脸面，而且还为中国人提供了优质、廉价的服务，花不到2000元，你就可以拥有一个配置不错的智能手机，还能拍照。

可如果没有稀土呢？

要知道，手机的振动电机、扬声器、受话器全部跟稀土密切相关；相机、手机摄像镜头也都应用了加稀土镧的玻璃；还有电脑的硬盘驱动器里的驱动电机，需要稀土永磁材料、稀土镁合金的外壳、屏幕发光材料……没有稀土，手机、相机、电脑等，中国都没有办法自己生产，我们只能大把大把地掏钞票给外国人。

七、假如没有稀土，我们的日常生活将会一团糟

假如没有稀土，我们的日常生活会变成这样：

屌丝家里只用得起白炽灯，因为LED灯这种节能光源含有"金贵的"稀土；30层的高楼要用双腿爬上去，因为电梯用的是稀土永磁电机；电池只能每次用完再买新的，因为所有的充电电池都用稀土贮氢材料，叫镍氢电池；电视机都带个大屁股，因为无论液晶电视还是未来的二三十年的主流显示方式，都会用到稀土发光材料；听音乐也成为富人的特权，因为DVD、VCD、HiFi音响、耳机全部

都需要用到稀土永磁材料。

看到稀土在这些日常生活中的应用，你还敢想象失去稀土后的日子吗？

根据商务部、海关总署日前公布的《2015年出口许可证管理货物目录》，我国取消稀土出口配额管理，只需凭出口合同即可申请出口，无需提供批文，美国、日本又该跑来抢买中国稀土了。

第三节　稀土是国际政治的一张王牌

据国家发改委及工信部公开的报告，2014年国家稀土开采指标大约12万吨，从事稀土冶炼分离的企业大约有170多家，年生产能力20万吨，超过世界年需求量一倍。

这无形中反映了两个严重的产业问题：一是稀土分离企业的规模与稀土开采规模不相匹配；二是部分稀土金属的产能与应用脱节，导致部分稀土氧化物产能过剩。境外市场对稀土出口的依赖依然存在，所以导致了中国稀土产业的畸形现象：一方面国外希望中国能放松稀土的出口管制，另一方面国内稀土企业的效益不佳甚至部分稀土企业长期亏损，而且部分稀土氧化物的库存过剩。

其原因正是：中国缺失稀土的定价交易平台。只有通过市场化的交易平台才能利用市场投资的多空机会来平衡稀土的价格体系，从而规避市场需求旺盛时价格单边上扬；由于国内打击黑稀土贸易链条加上国际出口被限制时正常的稀土产量受阻，造就了目前国内稀土产业的怪象。

其实，目前以制造业和电子工业起家的日本、韩国、美国等经济大国，他们本土电子工业的繁荣造成他们对中国稀土的依赖不言而喻。中国出口量的近70%都去了这几个国家。中国政府完全可以通过快速整理国内的行业秩序，快速重组建立国内的稀土产业交易平台，利用WTO放开后的机会重新定义中国稀土在全球的地位。

我们把目光移到美国，稀土储量世界第二的美国早早便封存了国内最大的稀土矿芒廷帕斯矿，钼的生产也已停止，转而每年从我国大量进口。西欧国家储量本就不多，就更加珍爱本国稀土资源，也是我国稀土重要买家。

西方发达国家的贪婪表现为：除了生产所需，它们不但通过政府拨款超额购进，存储在国家仓库中——这种做法，日、美、韩等国行之有年；还通过投资等方式规避中国法律，参与稀土开发，行公开掠夺之实。

中国目前从事稀土贸易的企业大约有1 000家，中国政府两年来动用五部委联合打击黑色稀土贸易链及非法走私稀土后，取消了一批稀土贸易企业，目前尚有超过800家稀土贸易企业。可以把这些企业统合到中国政府批准的稀土交易平台中来，引导这些企业以稀土定价交易平台作为对外报价及结算的依据，时间一长世界稀土必须依托中国的定价平台，这种以疏治堵的办法绝对是一个非常高效的打法。

国内有很多专家学者曾经假想过这个问题：中国的稀土如何能在WTO胜诉？笔者认为，只有通过市场化的行为及手段，建立国内乃至国际认可的第三方流通交易及定价平台，利用现有贸易企业，顺利实现稀土重新定价及合理价值的流通，这样我们才可以完胜下一次的国际贸易诉讼。

一、稀土？泥土？10年间我国低价出口稀土外汇损失数百亿美元

欧盟及日美等为了抢购中国稀土，从中国大量进口稀土，大量的稀土以"瓷土"或者"高岭土"名义出口。

中国稀土占据着几个世界第一：储量世界第一，尤其是在军事领域具有重要意义且相对短缺的中重稀土；生产规模第一，2005年中国稀土产量占全世界的96%；出口量世界第一，中国稀土产量的60%用于出口，出口量占国际贸易的63%以上，而且中国是世界上唯一大量供应不同等级、不同品种稀土产品的国家。可以说，中国是敞开了门不计成本地向世界供应稀土。

由于中国并未真正认识到稀土的战略价值，稀土开发变成了不折不扣的资源浪费——生产无序、竞争无度。中国在拥有对稀土资源垄断性控制的同时，却不具有定价权，稀土价格长期在低位徘徊。

在世界电子、激光、超导等高科技产业规模呈几何级数增长的

情况下，中国的稀土价格并未水涨船高。据统计，20世纪90年代至今，中国稀土的出口量增长了约10倍，平均价格却被压低到当初价格的六成左右。以2009年氧化铈的出口价格来看，每吨不过1.4万~1.6万元人民币，折合每千克不到16元，被讥为"猪肉价"甚至"白菜价"。

一些来自稀土企业的代表说，按照目前的价格，稀土企业的利润在1%~5%之间。就是达到最高5%左右的利润，卖的也是土的价钱。从1995年到2005年的这10年间，因为低价出口稀土，造成中国外汇损失高达数百亿美元。

目前中国已经开始面临开采过度的问题。被誉为"稀土之父"的中国科学院院士徐光宪曾表示，南方五省的中重型稀土储量达150万吨，但目前只剩下60万吨。按现有生产速度，中国的中、重类稀土储备仅能维持15~20年，在2040年后必须从国外进口才能满足国内需求。

事实上，中国稀土已经给国内环境造成了极大的破坏。因为稀土分离的化学过程中会产生大量污染物，对环境造成污染。据称，其中仅稀土资源丰富的赣南，如果要对开采稀土等矿产破坏的土地进行生态修复，初步预计资金投入将高达380亿元以上。中国有色金属设计研究总院教授王国珍认为，"中国几十年开采稀土赚的钱，全部拿出来都不够治理对环境的污染。"20世纪末，中国稀土就是依靠"对环境的破坏"打败了其他国家稀土公司。

而且一拥而上的盲目开发以及宏观规划水平低劣，导致中国并未成为稀土开发大国，中国的稀土科技远远落后于其他发达国家。目前世界上生产稀土功能材料的核心技术和专利主要掌握在日本、美国和法国等发达国家手中。它们以稀土专利优势遏制中国稀土产品，阻止中国稀土产业进入高端领域。

以氧化钕为例，中国出口的价格是20多万元一吨，到日本提纯成金属钕之后再卖回中国，一千克就要20多万元。中国稀土储量居全球第一，却未能为中国换来可观的财富，反而使中国环境遭到严重破坏，把产业链中最有价值的环节留给了别人。

鉴于稀土在提升军事科技方面的显著作用，如果任这种趋势发展，中国出口的稀土有朝一日将构成对中国国家安全以及世界和平严重的威胁，中国将为短视以及不负责任的生产开发付出代价。

目前，中国稀土的主要购买国日本、韩国、美国，前二者与中国存在种种纠纷，后者则在台湾问题上构成对中国最大的现实威胁，而且是近些年世界局部战争的主要参与者。事实上有些对抗已经在中国东海、黄海上演。但是，在这些对抗发生时，很少有人想到那些威胁中国的战机、舰艇与导弹，监视中国的雷达上的关键部件可能就是中国不计后果出口的稀土造的。

美、日、韩都是稀土科技大国。以日本为例，日本在有关稀土应用的材料科学、雷达、微电子产业上甚至拥有比美国更强的技术制造能力。美军现役武器中，潜艇所用高强度钢，导弹微电子芯片的80%由日本制造，战机引擎的特种陶瓷也是日本研发……日本科学家曾夸口说，如果不用日本芯片，美国巡航导弹的精度就不是10米，而是50米。不过，我们可以想象，这些微电子芯片、高强度钢如果缺少了稀土，可能根本就无法制造出来。

无论是从国家利益还是国家军事安全的战略角度考虑，中国的稀土产业都需要一次革命，在减少出口的同时，中国稀土产业升级迫在眉睫。

二、中国不是稀土大国，只是供应大国

1. 中国稀土资源储量只占全球30%左右

《瞭望新闻周刊》刊文称，中国稀土的实际储量与社会上流传的数额有较大出入。包钢稀土研究院院长赵增祺、中国稀土学会副秘书长张安文等专家也认为，从目前获得的国外稀土资源勘探信息看，中国的稀土资源储量也就占全球的30%左右，已大幅低于目前社会上流传的比例。

据介绍，半个世纪前的稀土矿勘探较少，技术条件相对落后。因而随着白云鄂博矿山稀土资源的发现，中国的稀土资源储量在全球的比重一度跃升至90%左右，当时仅一个白云鄂博的稀土工业储量就占世界的80%以上（实际上世界上最大的稀土矿产在美国加州）。然而自20世纪60年代起，随着国外在稀土资源勘探上不断取得突破，中国稀土资源储量在全球的比重已经大幅下降。

2. 全球约90%的稀土产品由中国供应

目前全国从事稀土矿开采、冶炼分离的企业有近170家。据国家发改委等部门统计，2009年，中国稀土矿产品产量为12.94万吨（以稀土氧化物计算），同比增长3.94%。目前全球约95%的稀土产品由我国供应。

即便如此，2008年中国稀土出口量只有不到4万吨，只占实际产量的30%左右。与此同时，2008年世界稀土消费量为13万吨，世界稀土市场的需求对中国的依赖也不超过30%，依赖并没有想象中的大。

三、剩下的70%稀土去哪了

1. 发达国家无稀土工业，美、俄、澳产量为零

美国能源政策分析家马克·汉弗莱斯（Marc Humphries）曾于2010年7月向国会提交了一份《稀土元素：全球供应链条》报告，详细列举了各国2009年的稀土相关数据：2009年，中国稀土储量为3 600万吨，占世界储量的36%；产量则为12万吨，占世界产量的97%。

与中国形成鲜明对比的是，美国2009年的稀土储量为1 300万吨，占世界储量的13%，产量为零；俄罗斯储量为1 900万吨，占世界储量的19%，产量为零；澳大利亚储量为540万吨，产量为零；印度储量为310万吨，占世界储量的3%，产量为2 700吨，占世界2%。

2. 开采污染大，世界上最大的"稀土湖"含7万吨放射性金属

之所以得名稀土，是因为其中的有效元素含量很低。而要把这

些微量元素提取出来需要用大量化学药剂，用许多化学程序和大量用水才行，因此，废水包含了近百种化学药剂，其中还有放射性物质。

内蒙古白云鄂博矿产中的稀土资源储量占全国的97%，但稀土开采的利用率仅为10%。在开采过程中，大量的尾矿浆排入包钢尾矿湖内。原国家计委稀土专家组专家、原包头市稀土研究院院长马鹏起透露，包钢尾矿坝占地11平方千米，是世界上最大的"稀土湖"，堆放尾矿浆1.35亿吨。"稀土湖"中含有约7万吨的放射性金属钍。据了解，钍和铀有着极其相似的特性，而远近闻名的"癌症村"打拉亥上村就位于包钢"稀土湖"正西2千米处。

3. 中国稀土便宜且无环境成本，发达国家乐于让出市场

开采造成的巨大环境污染让其他国家放弃了自主开采，转而从中国进口。因为在发达国家开采稀土的成本项下，包含了稀土开采的社会成本。对于发达国家来说，进口稀土是两全其美的选择：首先，进口没有环境成本；其次，中国卖得还很便宜。假设你是买家，你愿意花大钱自己开采并且支付社会环境成本，还是花小钱从中国进口？

据统计，从1990年至2005年，中国稀土出口量增长了近10倍，但价格却下降了50%。虽然从1998年开始，国家启动稀土产品出口配额制度，但在全球稀土需求增长的情况下，国内稀土贸易商仍通过

各种途径向世界稀土市场提供廉价稀土。2005年前后，稀土平均价格最低曾低至每千克16元。

中国的稀土资源被贱卖到日本和美国，而当中国意识到问题严重开始限制稀土出口时，美、日、欧却表现出焦躁，接连说"不"。

四、稀土斗地主"三打一"，中国总被算计

原来西方需要的不是中国的稀土，它们需要的是中国的"廉价"，只要中国不廉价了，西方的嘴脸就暴露出来。

显然，稀土问题已经成为美、欧、日施压中国的政治博弈工具。如果把有关稀土的争斗比作棋牌游戏、斗地主的话，地主当然是中国，对手是美、日、欧。中国这个地主虽然不好当，但是也不会畏惧对手的挑战，毕竟稀土这张王牌握在中国手里，胜算还是很大的。毛主席教导我们说，在战略上要藐视敌人，在战术上要重视敌人。

继WTO稀土案之后，2010年的二十国集团（G20）首尔峰会上，美国在稀土问题上再次向中国发难。2010年10月27日，白宫表示总统奥巴马可能在二十国集团首脑峰会（G20）上提出中国稀土出口配额问题。中国稀土出口成为一个专门的议题。这将是自中国对稀土出口实施限额管理制度以来，西方发达国家针对稀土议题所搞的最高级别的政治讨论。可以说，是中国的国内政策变化，凭空让稀土这个本来难以惹人注意的商品如今成为了国际政治的一个新

议题。

当然，日本和美国会继续在稀土这个议题上向中国施加压力，也不排除其他一些国家会参与进来，比如，越南和印度就被卷入了国际稀土政治中，成为日本用来减少对中国稀土依赖的砝码。稀土这个话题所波及的深度与广度正在前所未有地扩大。如果说，把20世纪70年代中东国家主动向西方减少石油出口一事看作是国际政治中"石油武器"时代开始的话，那么中国实施稀土出口限额制度，则可以看作是国际政治中的"稀土政治时代"的一个里程碑。

在全球化市场经济的时代，稀缺本身就可能成为最大的"政治"。西方发达国家早已充分运用这一政治手段。比如，西方有高科技出口审查制度，中国今天依然是这个技术出口审查制度的最大受害者，但是，西方发达国家却以各种借口将自己的"技术出口政治"合法化。

从这个意义上来说，即使中国没有保护环境这些方面的考虑，单纯地应用稀土作为国际关系的工具，也无须忧心来自西方发达国家的压力，因为这就是一直以来西方发达世界所设立的国际政治逻辑的重要内容之一。

更何况，中国对稀土出口实施管理，既是保护环境的必然要求，也是自身稀土资源即将面临匮乏压力的事实所致。按照目前的消费量，中国本身所有稀土资源也只够中国消费20年。

只要稀土在未来的全球低碳产业、新能源产业体系中的重要作用一直不可替代，稀土成为影响国际关系重要因素的时代就必然来临。而中国只是适时采取措施，推动这个时代早一点到来而已。如果中国今日不改变目前的滥采和无序、低价出口稀土的现状，等到日本等国低价储备了甚至比中国还多的稀土之后，那么就很有可能在将来某一天，出现日本禁止向中国出口稀土深加工产品的局面，到那时，中国的新能源产业和低碳产业将受制于人，中国也将失去产业升级的机遇。

从这个意义上来说，虽然目前受到西方发达国家要求出口更多稀土的压力，但是中国主动创造的这个国际政治议题还是非常符合中国利益的。因为作为议题的发起者或创造者，总会因为占有先机而使本国的利益得到最大程度的保障。可以说，发起国际政治议题，在某种意义上就是一个国家国际影响力的表现。比如当今世界，美国作为最强大的国家，其在国际交往领域里的议题创造力也是首屈一指的。

虽然在2012年中国国务院新闻办发布《中国的稀土状况与政策》白皮书时，工业和信息化部副部长苏波在新闻发布会上表示，中国反对将稀土问题政治化——中国从来没有因稀土这一很小的产业去谋取任何经济和政治利益，鼓励外商投资稀土环境治理、废旧产品回收再利用和高端应用，以及稀土生产装备制造等领域。

但是稀土是否政治化，不是中国所能够决定的。在美、日、欧各国联合在政治上就稀土问题对中国施压的时候，中国也必须在政治上给予还击。

正如英国谢菲尔德大学教授丹尼·道林在其著作《100亿人》中指出："中国不会轻易放弃稀土的威力。"

握着一大把好牌的中国如何打好这副牌，从而为中国赢得更多的经济和政治利益，考验着中国稀土产业链上的所有环节，同时也考验着中国这一届政府首脑们的政治智慧。

第二章
中国稀土谁做主

第一节　中国稀土资源话语权承压

2010年，美国《基督教科学箴言报》刊登的《没有"中国制造"的一年》一文指出：美国一位家庭主妇想进行一次尝试，在一年中坚持不买中国商品，看看生活将会怎样。结果她失败了，经过一年没有中国商品的日子后，她得出的结论是："没有中国商品的生活一团糟。"价廉物美的中国产品给美国消费者带来了实惠，使得美国消费保持在较低的水平。如果没有中国的消费品，美国的物价指数预计将上涨2%。

"中国制造"横扫整个世界这句话一点不假，可是从富士康代工苹果手机的数据却可以看出中国制造是多么的悲哀：零售价500美元的手机，富士康代工费点不足10%，这就是中国制造，这就是中国价格。全世界翘首以盼的中国稀土也未能走出"中国制造"的标签。

如果单看市场占有率，我们应该高呼庆祝才行，然而几乎垄断制造的数据后面却是一本难看的账目：出口稀土的价格低廉。由于国际专利技术壁垒所限，中国加工的磁性材料不能销售，只能收取微薄的加工费用。也就是说"中国制造"即使拿下了全世界，笑在最后的也不是中国人。

在承担着推动世界发展的不可缺少的有色资源中，中国有哪一个金属是能有话语权的？黄金、白银、铁、铜、铅、锌无一能有。中国人只会炼钢铁，而且钢铁产量全世界第一，但是铁矿石价格只有听澳洲的；中国人只会炼铜，铜产量同样是全世界第一，但是铜精粉的话语权也得听别人的。就算是稀土这种极其珍贵的战略金属，中国也是以非常低廉的价格出口，与此同时，中国在进口大宗商品过程中却面临着越买越贵的窘境。

如果从现在开始，从WTO败诉开始，我们重视稀土产业的核心环节，建立规范的定价及交易平台，打造世界级的稀土交易中心（含技术孵化、专利流转、产品定价、产品交易等一体化流程），从每年的国际稀土需求中找到切入点，用市场化手段扩大稀土产业的投资规模（不需要扩大稀土采矿及分离指标），加大稀土产业的研发及投资力度，把稀土产值从300亿元扩大到1 000亿元（资金可以深入产业运用链条），我相信不久的将来，我国掌控稀土定价权并不是梦。

一、30年的中国稀土"国际主义精神"

从1978年到2009年的三十年间，中国稀土产量从1 000吨增长到12万吨，虽然产量增长了120倍，但是稀土的价格却始终徘徊在1985年的水平。中国宝贵的稀土资源一直以极其低廉的价格销售。奇怪的是，在欧美对中国出口的商品不断提出反倾销的时候，却一直默认中国以低廉的价格垄断稀土出口市场，其居心叵测不言自明。

中国的稀土工业开始于20世纪50年代，相对于钢铁产业起步也不算晚，但是一直到今天都还在稀土产业的低端原地踏步。在20世纪80年代后，地方政府为了经济建设，匆匆上马了一批中小型稀土企业，到2002年年初，我国稀土企业已达170多家，分布在10多个省市，其中内蒙古就有60家。这些企业普遍规模小，竞争力差，在我国稀土产能过剩的背景下，为了求得一条生路，唯一的办法就是大打价格战。

170家分离厂年处理能力不到20万吨，也就是说平均年处理量不到1 000吨，而且大部分工艺都相对落后，能分离出99.99%高纯稀土氧化物的工厂并不多见。稀土深加工链条的高端应用领域急需突破和发展，同时要打破欧美大企业在稀土运用专利技术上的国际保护壁垒，勇于创新，争取创新，只有这样稀土深加工才能走出国门，走向世界。

造成目前稀土行业现状的原因，除了国内稀土资源分布广、产值低，没有受到国家级层面的重视外，笔者认为最重要的还是行业管理层要积极上诉国家核心领导层，下大力气整治、扶持、推动稀土产业，以关注高铁发展的程度来关注稀土产业。否则就走不出稀土产业致命误区：对稀土的价值认识不足，没有把稀土当作战略资源。

目前稀土行业乱象集中在几个方面：一是无证采矿、滥挖滥采等现象；二是稀土分离厂产能过剩，分离指标失控，黑稀土泛滥；三是稀土深加工链条产能消化梗塞。无证采矿的影响恶劣，特别是影响了地方政府对稀土行业的正确判断，往往是因为私挖滥采被上级政府问责，然后就大力打击，在打击过程中随着媒体对事件的宣传，往往又造成对稀土行业投资的误解——稀土行业是非多，尽量少介入。

至于分离厂的产能过剩，其实任何一级政府都希望能扶持发展当地具有特色的经济产业，有稀土的地方自然会有稀土的产业链，那么问题来了：十年前的国民经济及环境是无法用现在的标准来衡量的，彼时投资1亿元的稀土分离项目就算大型工业项目了，但是由于环保要求的提高以及建材及辅料的成本提升，现在要兴建一个年处理5 000吨稀土的分离厂至少也得3亿元以上。所以，十年前的稀土分离厂的工艺及环保处理水平就显得相对滞后了，但是工厂还必须生存和发展，部分的黑稀土就是流入这些小规模的分离厂，造成了目前稀土产业的困境。

再说说稀土走私。商人无利不起早。十多年来海外的稀土供应90%依赖中国，只是这两年中国政府开始整顿稀土产业，取消稀土出口指标，限制稀土出口，但是由于海外市场的需求始终存在，因此，诸多的出口代理企业就打起"挂羊头卖狗肉"的算盘来了，于是出口高岭土（瓷土）、稀土合金、磁材半成品，"假贸易真走私"的现象也就出现了。

中国稀土协会秘书长马荣璋说："2011年国外海关的稀土进口统计数量，比我国海关的出口统计数量高出1.2倍，也就是说走私量是正常出口量的120%。"稀土走私如此猖獗，真是触目惊心。

我国虽然较早地掌握了国际领先的稀土分离技术，但因没有专利意识，商业化发展不足，稀土产业不规范，领先技术因此没有找到好的企业载体，甚至出现技术流失。比如原来只向包头、上海、珠江三大国营稀土厂推广的稀土分离技术，被利益驱使分散到各地方企业、私营企业及合资企业中。

同时，中国众多稀土生产企业多为私营企业，既没有彼此股权等合作协同，又没有行业组织促成抱团，各自独立对外出口，这使得日、美等国可以分兵作战，各个击破，谁报的价格低就采购谁的产品。一时之间，中国稀土企业之间内斗不断，而日、美等国家乘机大量廉价收购中国稀土。

掌握着珍贵的稀土资源，却任人宰割，实质是因为我们没有现代企业观念，是落后的产业化意识、唯利是图的小产业思想在贱卖我们珍贵的稀土。

稀土在电子、汽车、超导、激光、新材料等产业中都发挥着十分重要的作用，而这些产业恰恰是日本的优势产业。但日本是个资源匮乏的国度，几乎所有的资源都需要进口。在我国每年出口的稀土中，约有48%到了日本，从我国进口的稀土量约占日本每年稀土需求量的83%。可以说中国的稀土有近一半贱卖给了日本，日本是中国廉价稀土的最大受益者。

日本的战略储备90%以上都依靠进口，而中国是其最大进口源。为了防止从中国大量采购稀有金属引发中国警觉，日本在中国香港、中国台湾、东南亚等国大量设厂，然后以这些国家和地区工厂的名义从中国进口稀土，经提纯后运往日本。由于日本是稀土技术利用强国，掌握着先进的稀土新技术，有些日本企业就以技术合作为诱饵，诱使中国稀土企业与其合作，从而掌控中国的稀土资源。

近两年，日本从中国采购稀土的渠道和策略又发生了明显变化，从大量、公开、集中采购，转为雇用多个中间人，少量、分散、多批采购，从而转移民众视线，更加隐秘地大肆进口中国的廉价稀土。通过这一办法，日本还可以巧妙地扭曲正常的供求关系，打压和操纵市场价格。

二、为什么中国没有定价权

目前，中国已是世界第三货物贸易大国，然而，既是大买主又是大卖主的中国在国际市场上只是一个尴尬的被动价格接受者，始终没有定价权。2008年，中国政府为了应对全球金融危机，在国内推出4万亿基础投资刺激计划，稀土价格从每吨3万元开始疯涨，到2011年10月，稀土价格突破每吨30万元，疯涨10倍！但随着4万亿刺激引起的各项产能过剩，实体经济再次走向低迷，稀土价格又跌落到每吨不足8万元，这就是没有定价权造成的尴尬局面。

1. 进口：中国买什么，什么就涨价

自从中国加入世界贸易组织后，国际大宗商品市场就渐渐进入"中国买什么，国际市场就涨什么；中国卖什么，国际市场就跌什么"的怪圈。可以说，中国对国际贸易的影响很大，但影响力却非常小。中国当前面临的一大问题就是大宗商品定价权的缺失。

如果说中国作为消费国，在国际市场上没有定价权还说得过去的话，那么中国作为全球的加工、生产中心，却成为遭受境外企业、国际炒家两头夹击的"三明治"，主导不了出口商品的价格，就让人心痛了。

这里举个例子，2010年智利发生8.8级地震，由于智利是全球最大的铜供应国，地震导致铜价格猛涨，至2011年6月触及历史新高（精铜每吨6.9万元）。在这波有色金属的牛市中，中国作为全球最大的铜冶炼国，大量的下游企业被有色金属的价格压垮，铅、锌、铜、铁的下游生产商一片哀鸣，严重影响了电缆、电子、合金、汽车、钢铁等行业的利润。

中国卖什么，什么就跌。这不能说是一个魔咒，因为中国的经济体量太大，只要中国经济增长速度低于7%，则可以预见有色金属的行情，就是全世界的经济都会显得疲软。这两年，中国国内正在消化过往4万亿元经济刺激所带来的各项产能过剩，实体经济的复苏需要时间，有色金属等都需要一个消化库存的时间，加上以美国为代表的华尔街金融大佬们对黄金及有色金属等大宗商品的恶意做空，导致这两年所有有色金属全线下跌，跌幅甚至超过40%。这种过山车式的价格行情对中国的实体经济无疑是雪上加霜，市场需求稍微回暖，一加大采购就出现库存贬值，没有库存又不能及时跟上供货的需求，这就是目前中国在大宗商品市场没有话语权的原因。

2. 出口：肥水外流，自弃话语权

由于没有定价权，中国在"买"的方面不得不多付钱；在"卖"的方面也是屡现"肥水外流"。

以稀土为例，中国稀土出口量一度占据了世界贸易总量的97%，但因为中国在国际稀土市场上没有话语权，只能被动接受国外厂商显失公平的价格，基本上是国外商家提出什么价格，国内企业就只能接受什么价格。从1990年到2007年，中国稀土的出口量增长了近10倍，然而，令人难以置信的是，中国稀土出口的平均价格却被压低，下降了36%。

"贸易强国不是天生的。"商务部研究院一位专家表示，中国企业惯于一窝蜂出口、降价，结果大家都没饭吃。同时，不少企业毫无资源保护意识，为了生存与本国企业打价格战、廉价出口。"崽卖爷田心不疼"并非个例。

值得注意的是，我国酝酿4年的国家矿产地储备战略试点即将推出，首批试点将围绕煤炭和稀土资源展开，这无疑是谋求话语权的有益尝试。

3. 应对："世界工厂"也要贸易定价权

价格最终是由市场来决定的，为什么中国短缺的、需要进口的商品价格受制于人，而中国占据绝对资源优势的资源产品，其价格也要听命于人？定价权为什么总是在别人手中呢？

其中，产业集中度低是当前影响我国原料市场话语权的一个重要因素，我国目前贸易主体过多、平均规模较小，企业在谈判能力方面很难与国际大集团对抗。在国际市场上，大宗商品基本上都是垄断竞争。以铁矿石为例，力拓、必和必拓和淡水河谷三大寡头控制了全世界80%的铁矿石生产品和贸易量，三大寡头很容易在价格上达成一致，从而操控价格。而中国稀土出口虽然在国际市场上有90%以上占有率，但是中国有一百多家稀土企业，各自为战，无序竞争，价格战打得各自头破血流。

中国是稀土大国，但不是稀土强国。在稀土开采和分离方面，中国的技术堪称一流，但是在稀土的提纯和应用方面，距离国际先进水平还有很大的差距。所谓中国稀土出口的占有率，其实是稀土原材料的占有率而已。中国稀土就是这样被运到国外提纯加工，然后再以百倍的价格返销中国。

价格是由市场决定的，而大宗商品市场的价格是由期货市场决定的。期货市场最大的功能之一就是发现价格。其实期货市场都具备一定的多空投资功能，也就是一旦涨幅过大就会有投资人看空，也就自然形成一个价格修复平衡机制。目前几乎所有的大宗商品，都有一个国际期货市场定价中心。比如：铝、铜、铅、锡的价格主要是在伦敦金属交易所确定，煤炭的价格形成于纽约商品交易所，小麦的价格形成于芝加哥商品交易所，大豆、玉米的价格形成于东京谷物交易所。而中国期货市场的发育还不太完善，交易品种稀少，市场规模又小，没有发挥价格发现的功能。

特别是在稀土交易市场中，目前仅有几个交易所（湖南南方稀贵金属交易所、包头稀土产品交易所、渤海商品交易所、泛亚金属交易所）有稀土产品现货的挂牌交易，稀土产品交易业务在2014年才刚刚起步。2014年1月6日，由平远县国资平台参与组建的其中以湖南南方稀贵金属交易所稀土产品交易中心作为国内首家实现稀土证券化的投资平台正式营业，是中国国内首家实现16种稀土氧化物的现货电子盘挂牌交易中心，同时也是目前国内稀土产品现货电子盘交易量最大的投资平台（2014年全年完成证券化交易量53亿元人民币）。但是由于目前国内稀土贸易企业及六家大型稀土集团都没有涉及稀土交易平台的业务，所以要想形成国内具备影响力同时能影响国际稀土价格的交易平台还需要一定的发展时间和过程。不过随着国家工信部对稀土产业的规划及管理，组建及整合目前稀土行业的交易平台也提上了议事日程。

1985年以来，在中国申请的有关稀土类的专利有4 288余项，其中外企专利申请2 188项，占稀土类专利总量的51%以上。一多半稀土类知识产权掌握在国外公司手里，专利壁垒构成对中国稀土行业健康发展的严重制约。

内蒙古一家稀土企业的高层认为："我国稀土产业的出路不在于稀土整合，而是如何把粗加工变为深加工。中国的稀土产业链很短，真正具有高附加值的链条是终端产品。"

中国需要加大科研力度，全面升级稀土产业，这不是小稀土公司所能做到的。

原商务部新闻发言人姚坚认为，改变这种局面，需要从国家发展战略高度进行考虑：一是以市场手段整合国内市场，在企业间建立更稳固的协调与合作关系；二是有效利用反垄断法及WTO规则，对国际矿石生产商利用垄断地位操纵市场的行为进行反击；三是利用我国的大市场地位，采取多种金融手段，通过在国内建立期货市场、与国外联合协作等方式，增强我国企业对市场价格的影响力。

"通过纵向整合、建立国内期货市场，我们在争夺话语权方面已经取得了一定成绩。" 长江期货资深分析师黄骏飞表示，如果关注期货市场就会发现，目前我国铜价已经能够影响伦敦期货市场的价格，这在2004年以前是不可想象的。因此，商务部提出通过行业协会整合行业集中度，再辅以国家扶持，形成行业龙头，从长远来看非常必要。

第二节　中国祭出稀土保卫战的大旗

2008年9月，《南方周末》一篇署名为北京大学博士青岩的文章《中国应立即禁止稀土出口》引发热议。

虽然青岩的观点被业内认为过于极端，但一场关于稀土贱卖海外的大讨论由此引发，稀土领域的权威学者们也纷纷站出来，痛陈滥采、无序竞争等行业之弊，呼吁政府对此进行改进管理。此时恰逢金融危机，经济低迷，业内龙头企业亦借此积极游说决策层或地方政府，设法提振稀土价格。

一场保卫稀土的国家大战略的大幕徐徐拉开。

一、第一次稀土保卫战

中国发起稀土保卫战，其关键不是稀土不能出口的问题，而是稀土出口的价格太低的问题。解决中国稀土问题的关键就是如何提高稀土出口的价格，让稀土资源更好为祖国的建设添砖加瓦。

目标既定，采取的措施也就很明确了。既然中国稀土出口占国际市场的90%以上，那么只要减少出口就行了。减少稀土出口只需要坚持两手抓，而且两手都要硬：一手扼住出口；一手卡住矿源。中国第一场稀土保卫战就是从这两个方面打响的。

扼住出口的工具有两个：关税与配额。2008年11月，钇、铕、镝、铽等元素出口关税比率上调到25%，其他产品均上调至15%。一个月后，此前不征税的金属镝铁和钕铁硼追加20%出口关税。给汹涌的出口戴上关税枷锁的同时，配额也不断减少。2008年配额比上年减少21%，随后一年的第一批配额同比下降三成，引起国际社会一片抗议。这一年，虽然同比降幅只有3%，但外资企业配额大幅减少了21%。

矿源则是直接卡死，严禁非法开采。2009年5月，国土资源部下发通知，暂停受理稀土勘探查许可证、采矿许可证申请。对非法采矿的打击风暴更是立即让市场上的稀土少了许多。

在江西、广东和广西等南方地区，稀土矿床分散在山区里，过去一直是非法开采最为集中的地区，而这些非法开采的稀土原矿或初级产品很多都是通过灰色渠道销售到国外，扰乱了市场价格。打击风暴让这些非法开采的采矿点大为减少。以江西赣州为例，2009年共取缔、关闭非法开采点300多个，捣毁稀土浸矿池2 645个。

在铁腕整顿之下，稀土价格应声上涨。以比较有价格代表意义的氧化镨钕来说，从2008年最低谷时的4.5万元/吨，攀升到2010年的

18万元/吨。中国所谋求的国际定价权似乎正在实现。

中国稀土保卫战的决定性胜利发生在2010年。中国当时因钓鱼岛主权问题在东海与日本发生争端，便停止向日本出口稀土。高度依赖中国稀土的日本为了得到堪称"尖端产业维生素"的稀土，只好举旗投降。

当时全球IT市场上的智能手机需求量猛增，生产智能手机所必需的稀土需求量也随之增加，中国在此时减少稀土出口，掌握了市场主动权。稀土出口价格也在短时期内提高了4～5倍。海外IT企业购买稀土的价格高达中国企业的3倍以上。中国当时在稀土供求领域占据绝对优势，第一次稀土大战中方大获全胜。

胜利来得太容易，总会令人头脑发昏，长期保有胜利果实就难了。

稀土价格2011年大幅飙升后，中国中小稀土企业相应增加了稀土产量。但随着全球经济长期低迷，稀土需求量开始下降。市场供给调节价格作用再次显现。部分稀土价格开始下跌，有些甚至暴跌至2011年最高价格的20%。2012年《日本经济新闻》报道称："中国300多家稀土企业中有25%因陷入经营困境而停产，没有停产的工厂开工率也只有30%～40%。"

另外，美国等西方国家有过中国限制出口稀土的教训后，纷纷制定出自救对策。过去因环境污染等原因不积极生产稀土的美国、澳大利亚、俄罗斯等国都开始开采稀土。美国最大的稀土生产商莫利矿业决定将生产规模从2万吨扩大到4万吨。俄罗斯矿产企业ICT集团计划向俄罗斯稀土矿投资10亿美元。

日本自2010年以来积极促进稀土进口途径的多元化，先后和印度、越南、蒙古等国达成稀土资源开发协议，使其对中国稀土的依赖度从90%下降到50%。而且海外企业还在加快开发只需少量稀土就能达到类似性能之技术的步伐。

中国之外的稀土供应量在2012年仅为9 500吨至1.1万吨，2016年将提高到6.3万吨以上。中国稀土在世界市场上的占有率也将从97.3%降至85%。

西方国家在自救的同时，也向中国的稀土限制出口政策发起反击。看到中国想要长期限制稀土出口，美国、日本、欧盟于2012年6月向WTO起诉中国违反贸易自由的原则。WTO争端解决委员会经过两年审查后做出有利于西方的裁定："中国限制稀土出口是优待本国产业的措施，这是不正当行为。"虽然中国也有过上诉，但外部环境对中国非常不利，最终没能推翻WTO裁决。

出于一个负责任大国对世贸规则的尊重。2015年元旦期间，商务部为稀土出口发放了通行证：取消稀土配额管理，只需凭出口合同即可申领出口，无需提供批文。"中国给稀土出口发放通行证"引起世界各大媒体关注。德国财经网等西方媒体以"中国向西方展示妥协""'稀土战'暂休，中国妥协了吗"等为题大肆炒作此事。

第一次稀土保卫战，中国先胜后败。随着中国取消稀土出口配额制度，中国稀土出口再一次走到了转折点。接下来，中国稀土产品该如何维持自身在国际市场上的竞争力？中国如何才能挽回败局，重现掌握稀土的定价权呢？

二、第二次稀土保卫战

西方国家虎视眈眈，中国也没有坐以待毙。

"国无远虑，必有近忧。"早在2012年3月美、欧、日宣布向WTO提交对中国稀土出口管制的诉讼的时候，中国就已经开始思考下一步的布局。

2014年，WTO稀土案中国败局已经显现。在稀土国际诉讼失败的倒逼下，我国加速引爆稀土行业市场化松绑。我曾在新华网博客撰文指出："仅仅靠封闭资源是没有作用的，对外要紧，对内要松。话语权是一种掌控能力，是对整个稀土产业链的控制力，需要有资源、有技术、有市场，三者缺一不可。"

中国已经陆续公布了多项有关稀土行业的政策和措施。业内人士称之为"一打一拉"政策。"打"的是黑色产业链和落后产能，"拉"的是鼓励深加工、开拓下游应用。

在战略层面，2014年6月，由工信部牵头制定的组建稀土大集团方案获得国务院批复同意。方案敲定稀土大集团"1+5"格局，包括包钢稀土组建成立的北方稀土集团，两大央企五矿稀土和中国铝业，以及赣州稀土、广晟有色、厦门钨业三家地方企业各自组建的稀土集团。

2014年12月，中国稀土产业整合的"5+1"稀土大集团全部获批。据称，2015年将是六大稀土集团的整合之年，包钢稀土、中国铝业、五矿稀土及广晟有色、厦门钨业、盛和资源等上市公司将在稀土"掘金"潮中一路狂奔。

实际上，国家决意组建以6家大企业为核心的大稀土格局，将粗制滥造的稀土企业整合，加强政府对稀土企业的管理，提高中国稀土公司在国际上的竞争力和谈判能力。同时，中国还要防止稀土走私并控制稀土生产和价格。

尽管此前中国也不断地打击稀土非法盗采，但是由于行业内"散、乱、差"的现象严重，巨大的利润空间导致私挖、滥采、猖獗走私的"黑色产业链"屡禁不止，严重挤压了正规企业的生存空间。

在中国稀土出口政策面临变更之际，2014年10月工信部等八部委下发通知，自2014年10月10日至2015年3月31日，在全国范围内查处稀土开采、生产、流通、出口等环节的违法违规问题，部署开展打击稀土违法违规行为的专项行动。业内预计，稀土非法开采总量或占一半以上。控制住黑稀土的产量，就是从源头上控制了稀土，这才是根本之计。中国稀土学会人士评价称，此次"打黑"力度更大，要求更严格。

虽然中国已取消稀土出口配额政策，但是，中国还有后招，这就是提高稀土开发资源税，间接控制稀土价格。2014年5月参加稀土资源税相关会议的中国官员接受《经济参考报》采访时说："有鉴于资源的稀少、开采的环境成本高，应提高稀土资源税，提高稀土的市场价格，以应对因WTO败诉而产生的负面效应。"

2014年11月20日，据《经济参考报》消息，国家有关部门正在酝酿将稀土资源税计征方式由原先的"从量计征"转变为"从价计征"。根据目前尚未最终确定的方案，北方轻稀土资源税税率将按照22%计征，南方离子矿按照35%计征，全国稀土资源税税负将大幅上涨。如果中国提高资源税，将迫使中国企业降低稀土供应量，则国际市场上的稀土价格将停止下跌或反弹。

从下游应用端支持新材料应用，扶持下游稀土应用开发。2012年11月，财政部、工信部联合发布《稀土产业调整升级专项资金管理办法》。2014年7月，工信部和财政部联合下发《国家物联网发展及稀土产业补助资金管理办法》，称将对稀土开采监管、稀土高端应用等提供资金支持。

2015年，中国将重点开发高纯化稀土制备技术，摆脱进口依赖。中国工程院院士、中国稀土学会理事长干勇在《中国科学报》报上表示：我国稀土高端产品严重依赖进口，将来须重点开发高效清洁分离与高纯化制备一体化的新技术，规模化生产绝对纯度>4N的超高纯稀土金属、相对纯度>6N的高纯稀土化合物产品。同时还要研发稀土高频、磁传感、激光晶体、闪烁晶体等新一代稀土材料及低成本稳定批量制备技术，满足智能控制与探测等高端应用需求。

中国稀土学会人士透露，中国正在酝酿《稀有金属管理条例》，该条例或有助于从法律层面监管稀土长效机制的建立。目前，工信部正加紧研究推进国内稀土行业整体健康发展的详细方案。

为了稳定稀土市场价格，中国稀土也开始了证券化征程。2014年1月4日，南交所稀土产品交易中心在中国平远正式挂牌成立，标志着中国对国际社会树立稀土产品定价风向标迈出了坚实的一步。

中国当然不会放弃对稀土价格的控制。很多人认为，中国和美国等西方国家之间的"稀土大战"将持续下去。英国谢菲尔德大学教授丹尼·道林最近在其著作《100亿人》中指出："当世界人口达到100亿时，稀土将成为未来资源的核心。"他指出，随着人们对尖端产品需求的提高，稀土价格也会随之上涨。

中国不会轻易放弃稀土的威力。而美国、欧洲等国为阻止中国将稀土用作武器而结成共同战线，努力寻找可以代替中国稀土的各种手段。

胜负未可知，中国在努力。

第三节　政策引爆"稀"有投资行情

中国经济又到了一个转折点。2013年以"创新"为主题的夏季达沃斯论坛上，国务院总理李克强向世界详细阐述了新一届政府"稳增长、调结构、促改革"的经济治理思路，传递了"中国经济奇迹第二季将更精彩"的积极信号。

中国想要继续经济上的辉煌，必须加快转变经济发展方式，加快培育和发展知识密集度高、资源耗费少、效益明显并具有很强成长潜力的战略性新兴产业，引领带动社会经济发展。

2014年，国家发改委透露，中国战略性新兴产业现阶段将以节能环保、新一代信息技术、生物、高端装备制造、新能源、新材料、新能源汽车七大产业为重点。

在这七大新兴产业中，有四个与稀土相关：稀土材料本身属于新材料产业；掺入了稀土元素的各类荧光粉，其下游产品如节能灯和平板显示屏等，属于节能环保产业；由稀土元素铵制成的铵铁硼大量用于永磁直驱风力发电机和新能源汽车的电机系统；此外，镍氢电池汽车和燃料电池汽车中，也需要稀土合金作为贮氢材料，因此，新能源产业、新能源汽车产业也和稀土密切相关。

而目前，稀土产品的应用情况是：传统领域稳定，新兴领域激增，因此，未来十年都将是稀土产业的景气周期。

一、政策引爆稀有行情：稀土，21世纪的"黄金"

为了支持中国稀土产品的正常发展，国家先后出台了很多政策，帮助稀土产品提升竞争力，渡过难关。一大批稀土相关行业也随之获得很大收益。

2012年4月8日，中国稀土行业协会成立。该协会是以有色金属协会、中铝公司、中国五矿、中国有色等13家单位为发起人，联合全国142家企业发起成立的国家一级行业协会。

"组建中国稀土行业协会是贯彻落实《国务院关于促进稀土行业持续健康发展的若干意见》的重要工作。"工业和信息化部副部长苏波在中国稀土行业协会成立大会上说，当前和今后一段时期内，稀土管理的重点工作包括继续整顿稀土行业秩序，继续开展稀土行业环境治理，加强环保核查，对稀土资源实行更为严格的环保性开采政策；加快组建大型稀土企业集团；严格执行指令性计划；进一步加强法规建设；推动稀土行业调整升级。

2014年7月9日，工信部和财政部联合下发《国家物联网发展及稀土产业补助资金管理办法》（以下简称《办法》），这对内蒙古自治区稀土产业发展和通过环保核查、产能较大的稀土企业有积极的推动作用。根据《办法》，国家将对稀土资源开采监管、稀土采选冶炼环保技术改造、稀土共性关键技术与标准研发、稀土高端应用技术研发及产业化、公共技术服务平台建设5个方面进行支持。

内蒙古自治区经信委有关负责人表示，国家对稀土资源开采进行监管，对通过环保核查的采选冶炼分离企业进行奖励，打击国内非法违规企业，扶持正规企业，有利于产业整合；同时，有利于转变目前靠稀土资源赚钱的产业发展方式，进而延伸整个稀土产业链。

2014年12月17日，江西省安远县原县委书记邝光华因受贿罪和滥用职权罪，被判处有期徒刑17年。这名"稀土重县"的昔日"父母官"，因收受贿赂近700万元，并向下属打招呼"关照"非法开采稀土的亲属，致使国家遭受巨额损失而身陷囹圄。邝光华案揭开了当地稀土腐败黑幕的"冰山一角"。在此前后，安远县分管稀土整治工作的县委原常委魏崧阳、县政府原副县长兼公安局局长廖雪勇、矿管局原局长凌永生等20余名官员纷纷落马。八部门联合开展打击稀土违法违规行为专项行动并取得突出成效。

为了稳定稀土价格，2014年8月，稀土收储第一轮计划启动，根据国储局的计划，其收储总量为1万吨，其中计划收储氧化镨钕4 000吨，氧化镝1 200吨，氧化镨、氧化钕各500吨等，这一收储数量也基本符合市场预期。经过此前一轮的收储后，目前市场上稀土现货紧张，新一轮的收储也必将带动稀土价格较大幅度的上涨。而根据上一轮稀土收储预期期间板块表现，稀土板块个股纷纷大涨。

据媒体报道，2014年12月25日，国储局与中国铝业、中国五矿、赣州稀土、厦门钨业和广晟有色签订了第二轮稀土收储协议，稀土相关产业都将大获收益。

无论是在资本市场，还是从地缘政治的角度看，稀土都被高度关注，因为它是一种重要的战略资源，极其珍贵，必不可少。一旦有限的资源丧失，或被掌控在他国手中，那么国家未来生存和发展的空间必然被大大压缩。

国家对稀土行业重拳治理，是希望改变中国稀土产业低端现状，将高端和高附加值的部分留在国内。这完全符合中国经济的发展方向，因为中国不可能长期屈居于"全球工厂"的地位，必须提升本国的产业层次，特别是促进稀土产品的升级换代，才能继续中国经济的辉煌。

稀土产业补助紧急出台、稀土收储开始启动、稀土证券化交易加速，无不证明目前正是投资稀土的好时机。中国的稀土概念股早就异军突起。平民投资稀土的热潮即将到来。

二、稀土概念股的异军突起：稀土变身投资界小鲜肉

当今世界经济界最流行的概念可能就是低碳经济了。稀土作为低碳经济、绿色能源、高科技等行业发展的必备原材料，正日益成为驱动经济社会可持续发展的新动力。稀土的应用可以分为传统领域的应用和新材料领域的应用，前者主要包括冶金、农用和纺织等，后者主要包括磁性材料、发光材料和储氢材料等。随着低碳经济的到来，傍上这些产业就是抱上了土豪大腿，稀土产业将面临更好的发展机遇。

尤其最近新能源汽车大热，业内人士分析，从需求的角度看，新能源汽车将成为支撑中国经济的重点行业；同时也将成为稀土行业下游需求中新增的靓丽刺激点，稀土中长期价格走势值得期待。证券分析人士认为，在低碳经济刺激下，在国家大力扶植发展下，稀土概念股可被长期看好。

2015年稀土行业整合已然确定，系列产业升级和鼓励政策的推出也给产业创造了很多投资机会，稀土概念股在市场资金推动下全线活跃。稀土概念股主要包含稀土资源上市公司、永磁材料钕铁硼上市公司和磁性材料上市公司三个主要部分以及包钢稀土、中国铝业、中国五矿、赣州稀土、厦门钨业、广晟有色等十多家上市公司。

2014年6月，上海期货交易所（以下简称上期所）理事长杨迈军在第十一届上海衍生品市场论坛上透露，下阶段上期所要推锡镍

氧化铝和稀土期货新品种上市。"我国是全球最大的稀土资源国，但历来没有价格话语权，基本都是国外买家决定价格。"卓创资讯稀土分析师许海滨告诉《华夏时报》记者，"而稀土期货的推出，起码可以在价格话语权上占有一席之地，也可以让一些游资参与进来，防止国外资金的随意操纵。"

稀土期货的推出，除了规范市场以外，无疑还将补足稀土行业在金融投资领域所缺失的那一块"拼图"。"从多个角度来看，稀土期货的推出，可以说是恰逢其时。"许海滨说。

稀土未来有望同黄金、白银一样，具有投资品属性。自南交所稀土产品交易中心成立以来，其稀土产品在近一年内的累计成交量已达到人民币40亿元左右。

在交易平台上，稀土氧化物已经成为常态化、证券化、电子化、货币化的流通品，或将成为继黄金、白银后的又一种国际化的投资品种。稀土产品逐渐从单纯工业品演变成投资品。因为投资门槛极低，调动了民间资本参与收储，因此稀土价格不再由日本买方说了算。最终用市场手段促进稀土价格稳中有升，这将对拥有采矿探矿权的"1+5"稀土集团产生直接的中长期利好。

显然稀土产品流通、商业收储和稀土产品高端运用都打开了投资窗口。政策引爆"稀"有行情，民间资本需要把握这次难得的行情。而稀土电子现货的推出无疑将再度增强稀土的金融投资属性，稀土生产商、贸易商、加工商均可参与到其中。这不仅能够更好地利用国内资源的垄断地位争得定价权，更可以通过期货套保的功能锁定利润，规避风险。

对于投资者而言，谁拥有资源，谁就拥有未来。而在稀土资源的整合大潮中，各路资本竞相登场。

在政策、市场、资本等多方推动下，松绑后的稀土产业正在酝酿着一轮巨大的投资导链。业内人士指出，稀土行业当前正处破局前的拂晓时分，正如之前的煤炭和钢铁行业一样，此轮稀土产业的松绑，将对产业投资者们产生巨大的吸引力。

一旦机会成熟，将有集"稀土产业基金""稀土深加工产业""稀土产品交易""稀土金融"，发散式但又目标集中式的一股投资浪潮形成。这对即将敞开大门迎接国际竞争的中国稀土产业来说，无疑是极大的利好。

而对于投资者，稀土的投资价值将日益凸显。预计在政策红利和新经济推动下，稀土价格仍将持续上扬，有望突破历史高点。

第三章

错过黄金、白银，不要再错过稀土

第一节 稀土证券化投资元年到来

这里先简单科普下"证券化"是什么东西。

黄金、白银、房地产等这些投资品种在国外已经高度证券化了。证券化是以特定资产组合或特定现金流为支持，发行可交易证券，通过交易所随时进行买卖，质押，融资等，是一种融资流转形式。简单地说，就是根据市场价格把资产换成一种可以用来交易的"量化标的"，赋予其更多的投资灵活性及流通性。

再简单科普一下什么是"稀土证券化"。

先分析一下传统的稀土产业贸易链条。传统的稀土贸易企业都是通过双方直接议价进行实物及现金交收完成的，俗称B2B。这一传统的贸易形式存在极大的弊端：市场行情冷淡时，有货无人买；市场行情炙热时，有价无市（货主惜售）。这就是2008年至今，中国乃至国际稀土市场价格行情出现"过山车"现象的本质原因。如果把稀土氧化物的现货，通过有资质的第三方出具化验检测报告单，定量了该批次的稀土氧化物的市场价格后，货主就可以通过交易所进行仓单质押，向银行融资，不论市场行情高低冷热都可以把现货实物变成流动的现金，这些仓单还可以放到交易中心现货电子盘进行每天的买卖双方的交易。这就是稀土证券化。

其实，由于全球储量的稀缺性及投资属性，黄金及白银已经成为重要的准货币投资理财品种，在美国及英国等发达国家已经把黄金及白银上升为国家级货币对冲风险的一种理财工具。而稀土的稀缺性与黄金及白银无任何区别，同时还是黄金及白银无法替代的战略性武器装备的必需生产物资，所以应该赋予它更高的投资价格。

据悉，中国稀土产业呈现上游强、下游弱的特点，即中国稀土资源丰富，开采、冶炼能力较强，但是下游深加工，如磁性材料等，却远远逊色于日本、欧美。中国五矿集团公司总裁助理王炯辉曾经说过一句无奈的话，"中国稀土产品的初级产品出口日本后，日本在深加工后按照原价20倍的高价再卖回中国。"需要调动更多的跨行业的投资机构进入交易平台了解、熟悉稀土在战略性材料及高性能材料的运用和相关产业运营模式，使其能有足够的胆识进行稀土产业深加工及高新技术运用的投资。

中国科学院工程所张锁江所长也坦言："稀土产业的深加工技术除了部分专门服务于国防军工外，还有许多技术已经解密并允许同步运用到各技术领域实现技术社会化、民间化。但是由于得不到足够资金的支持和参与，有许多技术目前还停留在科学院及工程院的各个研究所中，尚未得到最大化的市场利用，这令人感到非常痛心及可惜。由于前面十多年稀土产业发展的诟病导致了信息传播的负面性太大，诸多的投资机构及政府谈稀土色变，错过了整个稀土产业健康发展的契机。

比如稀土合金钻石，其物理折射性等各项指标都比得上真正的钻石，而且工业成本低，工艺水平及展示价值也不比钻石差，完全可以大规模地进行生产，让市场拥有更多技术亮点，甚至可以逐步形成"稀土钻石"，代替天然钻石。

随着中国WTO败诉，政府必须高度重视稀土政策的调整，即由"整合整顿"过渡到"外紧内松"并大力宣传，大力呼吁新的投资者参与进来，呼吁更多的投资机构参与稀土产业的投资。这样才能真正调动国资及民资共同推动稀土产业发展，达到稀土产业的真正繁荣。

配额管理取消后，我国对稀土行业监管的重点，会更多地从出口环节转向国内生产环节。下一步，不论是出于环境保护，还是结构调整，都需要进一步加强对稀土等资源类产品的开采、生产、加工利用的管理。从实际情况看，我国资源类产品的发展战略仍需完善。

工信部稀土办副主任史瑞庭在2015年年初召开的中国科技论坛上提出，将来要通过不断完善稀土行业管理机制，加大国家政策的实施、落实和执行力度，保护国家宝贵的战略资源，使稀土行业走上健康、有序、可持续的发展道路。

另外，对稀土进行深加工并促进产业升级是稀土产业未来的发展方向。"稀土材料是发展高新技术和国防尖端技术不可缺少的关键原材料，高性能、高纯度和开拓新应用是稀土材料发展趋势。"中国工程院院士、中国稀土学会理事长干勇说。他提出，我国稀土高端产品严重依赖进口，将来须重点开发关键技术，研制新一代稀土材料及低成本稳定批量制备技术，满足智能控制与探测等高端应用需求。

路漫漫其修远兮，吾将上下而求索。目前从中国政府就稀土产业所做的各项工作来看，可以说对外收紧了资源出口，对内清理了不良市场，刮骨疗伤后已经具备了健康发展的产业环境。

是英雄始终惺惺相惜！2013年12月8日，我向广东平远县人民政府推荐湖南南方稀贵金属交易所股份有限公司，得到县委、县政府的高度重视，于是经过一场短暂而有力的会晤后我们便达成了一个令人振奋的合作：依托湖南南方稀贵金属交易所股份有限公司的交易平台，平远县人民政府国资平台参与组建的"梅州岭南稀土产品投资管理有限公司"落户平远县，该公司同时是湖南南方稀贵金属交易所股份有限公司稀土产品交易中心的全国唯一的独立运营公司。该产品交易中心全面负责国内稀土产品证券化的投资交易及实物交收业务，它的成立与投入运营预示着稀土产品证券化的大幕就此拉开！

2015年注定会成为中国稀土产品市场的又一个投资元年。只要找对了风口，猪也能飞起来。稀土产品证券化具备了几个良好的社会条件：一是互联网金融端口市场巨大，APP独立导入智能化终端数据庞大；二是稀土证券化改变了传统的稀土贸易商的商业模式，由B2B转型为O2O；三是南交所交易平台白银的交易已经非常成熟，这为稀土产品交易奠定了一定的基础。

稀土行业曾一度进入寒冷的冬天。有业内人士表示，他们很乐意参与到稀土行业中来分未来市场的美羹，现在欠缺的是一个吹号角的角色。过去的2014年，是内忧外患的一年。在这一年中，国家对稀土行业的战略调控目标也逐渐清晰：相关部委先是联合重拳在源头上打击黑稀土，接着实行稀土行业组建"5+1"大稀土集团战略，同时将稀土综合回收利用项目计划纳入稀土指标管控，最后积极引导稀土类企业向深加工等产业链延伸。在如此"四大措施"综合治理及引导下，中国的稀土行业迎来了理性发展的曙光，稀土投资元年即将到来。中国稀土行业经历了WTO败诉、打击整顿黑稀土、运用市场低迷、部分产能过剩等一系列不利于国内稀土市场健康发展的情况，虽有投资者预测到稀土市场未来的巨大价值，但却鲜有投资机构真正愿意去触及，现在资本市场已经蠢蠢欲动，投资机构对稀土行业的青睐一触即发，一旦稀土行业复苏号角吹响，国内稀土行业将迎来新一轮的投资热潮。真所谓"雄关漫道真如铁，而今迈步从头越。"

2014年国内首家稀土产品证券化交易平台横空出世，有利于提振稀土价格，避免稀土产品再经历如2009年到2013年这几年间过山车式的价格波动。这个平台能在稀土氧化物升值时拉高盘面的价格，实物贬值时在电子盘上做空对冲来降低实物贬值带来的损失，这给稀土现货的流转及流通提供了契机。

16种稀土产品以证券为载体在金融市场上流通，有助于稀土产品价格的合理化，会极大地调动民间资本参与投资，同时吸引着更多的稀土生产企业和下游冶炼分离企业参与其中，极大地促进了稀土产品的销售和流动。错过了黄金、白银投资机会的人们，不至于再错过投资稀土了。这个平台还可以鼓励国内投资者参与到稀土产业中，最终形成从探矿、开采、冶炼、深加工，再到循环利用的有序化和合理化的市场。

一、互联网时代，稀土也玩O2O

什么是稀土产品交易O2O模式？

"O2O"是"Online To Offline"的简写，即"线上到线下"。O2O商业模式的核心很简单，而稀土产品交易的O2O模式就是把线上的现货电子盘交易通过撮合交易后，再通过交易所约定提货，实现线下提取现货的服务。

2014年1月4日，南交所稀土产品交易中心（www.xitujiaoyi.com）

正式在广东平远县开业营运，标志着国内稀土产品现货交易首次实现O2O模式，为中国的稀土产品运用厂家提供了一个全新的互联网电子商务平台。

稀土产品交易O2O模式适合哪类商家？

稀土产品交易O2O模式最适合稀土产品运用厂家及稀土产品实物贸易商。在此之前，稀土产品实物贸易通常是相对熟悉的买卖双方通过电话或者见面洽谈来达成最终的成交数量及金额。这种传统的贸易模式的缺点是：互信基础差（产品配份成色、双方认可度）、谈判周期长（看样、取样、化验、订合同、交货）、交易成本高（往返商务等费用）。

现在，不管是稀土产品运用厂家（激光、发光、抛光、磁材、稀土合金、陶瓷、石化类等工业企业）还是稀土产品贸易商，都可以直接通过南交所稀土产品交易中心进行O2O模式下的轻松交易（无纸化、电子化、低成本、时效性）。简单来说就是在官网上开户，再通过网上交易平台下单，网下申请提取现货，免去之前传统贸易繁琐复杂的流程，弹指间轻松实现买卖双向贸易。

稀土产品交易O2O模式大众能参与吗？

按照南交所稀土产品交易中心交易模式，在南交所稀土交易平台上，稀土氧化物已经成为常态化、证券化、电子化、货币化的流通品，这或将成为继黄金、白银后的又一种国际化的投资品种。

"因为门槛极低，会极大地调动民间资本参与收储。同时更多的稀土生产企业和下游冶炼分离企业也可以参与其中，极大地促进稀土产品的销售和流动。同时还可以鼓励国内投资者参与到稀土产业中，最终形成从探矿、开采、冶炼、深加工，再到循环利用的有序化和合理化的市场。"

稀土产品交易O2O模式具备融资功能吗？

南交所稀土产品交易中心官网显示，稀土产品交易O2O模式就是"微交易所"形式，可以为实物贸易商在金属价格低下惜售时，通过交易中心把实物质押给交收基地，再通过交易所实现银行融资，用融来的资金进行实物电子盘的交易，实现交易目的，待实物电子盘的价格与当时质押实物价格相当时，再通过交易所挂单卖出实物实现电子交易及实物交收的双重效益。

二、稀土行业"六脉神剑"闪亮登场

2010年以来，随着稀土的工业价值、战略价值不断提升，稀土价格也随着暴涨，越来越多的企业嗅到商机，开始进入稀土行业，包括地方企业、中央企业、民营企业与国有企业。但当各路企业进入这一领域后，无序开采、环境污染、走私等问题却不断困扰着稀土行业。为了稀土行业健康发展，2013年5月，国务院出台了《国务院关于促进稀土行业持续健康发展的若干意见》（下简称《意见》），伴随着《意见》的出台，一场整合中国南、北方稀土的大戏开锣，未来市场必定是由大稀土集团整合国内稀土，且稀土行业里一级市场的并购及二级市场的定增也将日趋成为主流。

有数据显示，全世界稀土需求在12万～15万吨/年，中国的稀土产能达到40万吨/年，实际产量在20万～30万吨/年。2014年工信部公布的《第二批工业行业淘汰落后和过剩产能企业》名单，涉及内蒙古、湖南等地28家稀土企业，合计过剩产能达10.37万吨。由此可以看出，我国稀土供应过剩，无计划开采及企业零、散、乱的现象突出，稀土企业亟待整合。

《意见》称，用1～2年时间，基本形成以大型企业为主导的稀土行业格局，这样有利于国家对稀土资源的宏观管控及调配。随后工信部提出稀土5+1整合重组方案，所谓"5+1"格局，即包括包钢稀土形成的北方稀土集团，两大央企五矿、中铝，三家地方企业广晟有色、赣州稀土、厦门钨业分别组建的区域性稀土集团。

根据工信部的组建方案，北方稀土集团侧重于轻稀土方面的产销，整合区域为内蒙古自治区内的稀土产业。目前包钢稀土已经在北方独占鳌头。包钢稀土将对内蒙古自治区中的35家稀土上游企业进行兼并重组、补偿关闭和淘汰关停，整合方案实现后，包钢稀土将成为中国北方唯一一家从事稀土上游生产经营的企业。五矿稀土集团有限公司侧重于稀土冶炼分离，其中重稀土分离产能居全球首位，且其整合区域为南方地区。中国稀有稀土有限公司（中铝）定位为轻、中、重稀土综合型企业集团，整合广西、江苏、山东、四川等省区。广晟有色整合广东省内稀土产业。赣州稀土的优势在于中重稀土资源，整合区域是江西省内。厦门钨业稀土集团整合福建省内稀土产业。

在工信部2015年2月召开的重点稀土省（区、市）和企业工作会议上，有关负责人表示将以中国五矿等6大稀土集团为核心，在2015年底前整合全国所有稀土矿山和冶炼分离企业，实现以资产为纽带的实质性重组，整合完成后将有利于规范稀土开采、生产和流通环节。

众所周知，黑色稀土产业链泛滥，个别企业为了抢夺资源而无序开采。大集团整合完后，将使企业话语权、稀土合理规范开采、市场定价等方面向规范经营迈进，而六大集团之间也能相互制衡，防止形成价格垄断，对外交易形成一致性政策，从而在国际市场竞争中抗衡，也容易获取中国稀土产业的话语权。

国家强力推进中国稀土产业重组的原因，是中国政府重新审视到稀土的战略价值，寄托重组以遏制黑色稀土泛滥及兼并部分产能过剩企业从而避免冶炼分离企业无序竞争。号角已经吹响，实效性的考评也祭出时间表，此次中国政府对稀土产业的重整力度是史无前例的，我们也将拭目以待其成效。

从限制出口量、稳定价格取得定价权方面看，走私稀土供应量大，加之需求不振，导致出口配额根本用不完，也就无所谓限制了。公开数据显示，2012年配额使用量在49%，2013年配额使用量在72%，2014年配额使用量在90%左右。即便没有配额的限制，短时间内稀土出口量也不会出现大增。

2014年12月31日，商务部发布了《2015年出口许可证管理货物目录》，明确稀土出口执行出口许可证管理，企业仅需拿出口合同申领出口许可证即可出口。至此，执行了16年之久的稀土出口配额制度寿终正寝。中国稀土出口配额终结，这对正在组建的六大稀土集团也是利好消息。

目前中国对轻稀土产品的出口关税设15%，重稀土出口关税为25%。但值得注意的是，根据WTO裁决结果，稀土的出口关税也是不具有合理性的，市场预期中国政府可能会在2015年"五一"前后取消关税政策。

资源税方面，目前市场预期政府会考虑以高资源税替代出口关税，未来稀土开采的资源税计征方式或由原来的"从量计征"转变为"从价计征"，并且税率方面将大幅提高。

一旦出口关税取消，稀土出口价格将出现大幅下降。而中国政府希望稀土价格稳定，以维护稀土资源的可持续发展。因此，市场预期中国政府上半年会出台更多的政策来对稀土行业进行整治，从而维护稀土价格。

根据商务部专家观点，未来稀土政策的重点在于把住探采及生产环节。在稀土的探采及生产环节，政府必须建立一系列的监管体制，如提高稀土企业的准入门槛、增加资源使用税、提高企业环保要求、设立稀土交易所等。

随着稀土大集团新时代的到来，企业整合加速前进，国家下一步有关稀土行业的生产配额、指令性计划等一系列政策亦会向这六大稀土大集团倾斜。稀土价格也因此有望见底回升，稀土投资价值将得以提升。

三、2015，稀土投资元年

过去的2014年，中国稀土行业战略调控目标已经基本完成，相关部委联合重拳在源头上打击黑稀土后，再实行稀土行业组建"5+1"大稀土集团战略，促进和规范稀土交易平台的建立，同时将稀土综合回收利用项目计划纳入稀土管控指标，最后积极引导稀土类企业向深加工等产业链延伸。中国的稀土行业迎来了理性发展的曙光，即将迎来健康发展的太平盛世。

"春江水暖鸭先知"。在股市、楼市前景黯淡的情况下，不少投资者开始寻找新的投资品种，作为国家战略物资的稀土因此成了投资新方向。从2014年1月4日，南交所稀土产品交易中心的16种稀土氧化物实现证券化电子现货挂牌交易开始，多家地方性稀土现货交易平台如雨后春笋般纷纷建立起来。2014年2月20日渤商所新增稀土氧化镝挂牌交易；2014年3月28日包头稀土产品交易所有限公司也正式上线挂牌交易10个稀土氧化物品种；2014年10月31日泛亚金属交易所也增加氧化镝、氧化铽两个稀土交易品种上线交易；2015年2月28日厦门泛亚商品交易中心增加氧化铽、氧化镝、氧化钕三个稀土交易品种。

从目前交易会员及成交金额等的数据发展情况来看，国内稀土现货电子盘交易量最大，同时率先实现稀土证券化投资交易的平台只有南交所稀土产品交易中心，其他商品交易所都是通过交易会员线上报价、线下摘牌的看板交易的交易方式，尚未实现即时撮合交易。这也是真正实现证券化必须迈过的一道门槛，即交易稀土及结算系统要经过严谨的测试及试运行，也得通过政府其他监管部门的联合验收。国内稀土定价权限瓜落谁家还是一个未知数。

真正实现稀土证券化的几个金融特征：一是做到线上即时实现买卖双方撮合交易；二是不以增加点差及延递费为特征的做市商制（对赌制）；三是交易稀土及结算系统必须在试运行合格并得到政府相对应监管部门的联合验收后才能正式运营。南交所稀土产品交易中心推出稀土产品现货电子交易系统，史无前例地实现了稀土产品通过电子平台，实现每周五天，每天24小时，T＋0交易。这个交易中心是一个开放式的平台，客户在签署银行投资托管协议后，可以下载客户端，通过电脑或手机直接访问并参与交易。最低交易单位为10克/手，交易保证金为20%，按照当前的稀土价格估算，最低10元就能投资稀土产品。借助此平台，不仅能促进稀土产品流动和销售，更是有望让其成为继黄金、白银后的又一国际化投资品种。

2014年6月，上期所已公布拟推出稀土期货。稀土期货的推出必将与南交所稀土产品交易中心电子现货市场形成互动。

经过近几年国内稀土行业的整治，目前走私出口、私挖滥采及黑色交易基本得到遏制，但是，单凭国资主导下的整合并不能很好地促进稀土产业健康发展。只有调动民间资本及市场资本对稀土产品进行投资才能真正实现稀土产业的健康发展，否则，"国进民退"的打法只能像2008年金融危机下的4万亿拉动一样留下一堆市场问题。同时，也是需要一个公平、公开、公正的交易中心进行有效的资产证券化来增加流动性从而解决稀土部分产能过剩的问题。

第二节　稀土证券化探索崭露头角

想要打败强大的对手，一招制敌是不切实际的，只有打出一套环环相扣的组合拳，让对手无从破解，才能取胜。想要控制世界稀土的定价权，除了在生产阶段组建稀土六大集团，应用阶段对稀土进行深加工促进产业升级，还需要在流通阶段实现稀土市场的证券化。这也是中国振兴稀土行业打出的一套组合拳。

中国战略与管理学会会长秦朝英针对中国稀土战略曾经说过一句非常经典且精准的话："中国政府对稀土资源可以采取多元化的收储政策，放宽市场化手段，民间市场化、准货币化的收储也不是不可能的，大胆设想甚至应该适时地推出稀土货币，定向宽松地针对中国稀土产品发行20亿元可流通的稀土合金货币，让全民参与稀土货币的收储，多让市场行为参与全民收储稀土的战略，减少国家资源储备局的压力。"这就是未来真正实现稀土产品流通交易、实现国内外定价权的具体办法，也是中国打造世界稀土的定价权及话语权的必经之路。

笔者曾经花费半年时间在国内对广东、福建、江西、四川、山东、内蒙古 等稀土集聚地区进行调研，与多位实物贸易商深入交流，他们纷纷表示，稀土电子化产品的上市，对市场体系是一种补充。将稀土交易纳入电子交易系统进行操作后，稀土交易就不再局限于仅容纳少数人的交易池，不再是个封闭的小圈子。贸易商可以随时随地进行交易，大大拓展了市场参与者的广度和深度。

南交所稀土产品交易中心16种氧化物交易平台的投入运营，可实现稀土价格与市场供需之间的双向运动：企业先根据交易平台呈现的现货价格来判断市场供需情况，并据此安排生产，然后再通过控制价格来调节供需，进而获得稳定的、比传统贸易较为丰厚的利润。

根据中国稀土行业协会的官方统计，2013年稀土氧化物的消耗量为2万吨，折合人民币300亿元，按照证券化产品的常规20倍换手率来计算，每年将产生6 000亿元的证券化交易量。如此庞大的交易量是稀土证券化时代才刚刚开始拉开序幕就显出的峥嵘，可以想见正在进入大众视野的稀土证券化被寄予的厚望。

一、稀土证券化建立中国稀土定价机制

WTO稀土贸易争端"拉锯战"你来我往的背后，是国与国之间利益的博弈。中国稀土资源国际争夺贸易战是一场持久战，WTO稀

土贸易争端只是这场战争中一次重要的战役而已。2014年8月7日，WTO正式宣布稀土案中国败诉。尽管业内早就预期，败诉已成定局，但此事还是在国内一石激起千层浪。

塞翁失马焉知非福。但是中国的败诉，也将导致中国稀土行业市场化松绑，从长远角度看，中国已经是世界第二大经济体，想要夺取经济上的优势，仅仅依靠封锁资源这样计划经济时代的思维模式绝不可行。中国想要在稀土行业提升竞争力，夺取话语权，首先要依靠促进稀土产业升级及稀土市场的证券化，通过产业升级吸引更多有实力的投资机构进入稀土产业运用；其次要跳出国企、央企对稀土产业上的固有发展思维，大胆地扩大对稀土产业高端运用的优惠投资。比如：新能源汽车、机器人、民用无人机、多功能稀土催化技术、光电产业等。而政府只要小比例地从投资奖励、税收优惠等政策进行配套扶持，相信大量的民营资本会进入稀土高端技术运用投资领域，就像中国的汽车制造业，有了大量的民营资本进入才会涌出像吉利集团及长城汽车一样国际级的汽车制造商。稀土产业的运用资金强度不会像汽车工业那样大，但是稀土产业高端运用的未来市场及影响力绝对不会比汽车产业影响小！

稀土产品投资交易实现证券化是未来的一个产业金融的必经之路，但是这条路走起来还必须经过以下几道坎：首先，统合国内的稀土资源采矿及分离管控指标；其次，积极冲破国际专利保护壁垒，合理起诉专利不合理保护的环节。另外，只有管控好全球目前尚未打破的由中国主要供应地的现状，再度大开国门，取消关税，适量地维系国际稀土的供应量，这套组合拳打下去，相信中国有希望夺取稀土在国际上的话语权和定价权。

2014年7月，经过长期准备后，来自中国稀土下游的7家钕铁硼企业组成稀土永磁产业技术创新战略联盟，决定打破日本稀土专利壁垒，联手与日本企业打官司。"稀土产业的专利技术被日、美、欧控制，使中国的稀土无法在国内进行深加工并充分利用。稀土在国际上卖出了泥土的价格。"笔者对南都记者非常肯定地介绍说，"国家下一步要做的，肯定是刺激国内稀土产业的高端发展和终端应用。"

国内也在加速稀土交易证券化的速度。有专家指出，掌控话语权仅仅靠封闭资源是没有作用的，对外要紧，对内要松。话语权是一种掌控能力，是对整个稀土产业链的控制力，需要有资源、有技术、有市场，三者缺一不可。各地政府也在积极学习其他金属市场经验，积极推进稀土产品交易所平台的建设。有分析人士指出，这或许意味着稀土产品证券化的时代已经正式来临。

2014年1月在平远开业的南交所稀土产品交易中心，截至12月底，16种稀土氧化物一年来总成交额已近54亿。目前，单日交易额已稳定在4 000万左右，其中2014年7月25日，以7 121万元创下开业以来单日最大总成交额。8月，广东市场也全面开启，在东莞等省内重要的商品交易基地及有色金属、贵金属活跃地区建立了数十家"南交所稀土产品交易营业部"。

"WTO败诉后，国家会出台相关政策扶持行业发展，对稀土行业是利好。未来稀土的价格有望温和上涨。"笔者曾经对诸多的稀土产业同行介绍说，"稀土交易实现证券化，可吸引民间资本收储，发掘中国稀土的真正价值。"

"2015年全年我们交易中心预计交易额在200亿左右。"笔者在2015年1月份再次采访了几位资深的稀土贸易人士。他们也在分析，"目前稀土交易市场的价格比稀土实际价格高10%左右。随着稀土交易证券化的加深，民间资本介入到稀土收储中来，国内控制稀土价格话语权、发现稀土真正价值的日子就不远了。"这是令笔者感到非常欣慰的事。

在南交所稀土产品交易平台上，目前稀土几乎已经成为了继黄金、白银后的又一种国际化的投资品种，已经是常态化、证券化、电子化、货币化的流通品。同时，国内已经至少有多家稀土类上市公司明确地表达了要在2015年上半年寻求机会深度调研南交所稀土产品交易中心，并进一步探讨合作的可能及方式。可以预见，如果相关部门能再进一步清晰关于稀土证券业务的发展规划的话，未来稀土交易所有望快速实现大型国资入股或控股。

二、产业互联网时代，稀土证券化是必由之路

中国稀土产品步入证券化投资时代，是大势所趋。互联网企业

的大发展彻底颠覆了制造业、流通业、金融业，同时也改变了人们的生活方式。在如此热闹的互联网经济中，一些传统的行业也都纷纷"触网"，被誉为"工业味精"的稀土也在这场互联网大潮中逐渐进入角色，互联网金融扑面而来！

我们选择进入稀土证券化投资交易平台时也调研了几个商品交易所，发现不少交易所都采用做市商制（既是交易商，也是交易服务提供商，类似庄家对赌方式）的营运模式。这种模式存在几个发展的障碍：一是会员开户后买卖都得被交易商抽取价差（点差）；二是交易过程中容易被大户控制交易价格。所以后来我们选择了南交所作为项目合作的交易平台，因为目前只有它的系统能实现几个证券化的特点：一是全天22小时不间断交易；二是T+0当天不限次数交易；三是买卖方价格接近及下单时间接近双优先的撮合交易。这样的交易模式显公平、公开、公正，从深层次的意义上来说，中国的稀土产品交易由此已经走上了一条证券化、平民化、流通化的电子交易时代。短短几个月时间的运行，稀土产品的单日交易量已经突破1亿元人民币。

2015年春节期间，中央电视台微信红包的举措让中国人手中的智能手机摇晃了110多亿人次！假如，稀土证券化的市场能够在百度、腾讯、阿里等几个巨头的合作中敲开大门的话，我相信稀土产品的手机交易量会是一个天文数字！互联网金融时代来得正是时候！中国国内智能手机用户已经超过8亿，腾讯公司的微信注册用户已经逼近5.5亿户，其中日均活跃用户达到4亿户，非常庞大的潜在开户人群在等待稀土投资领域进一步的衔接及推广。

目前在全世界都没有稀土定价体系，原来都集中在卖方（国内稀土实物供应方）议价体系，但随着中国稀土交易平台的建立，将逐渐从卖方说了算，过渡到交易市场说了算的第三方定价体系阶段。业内人士表示，"稀土交易所的建立将有利于中国稀土定价机制的形成。"目前南交所稀土产品交易中心的APP手机下载才刚刚开始，相信只要正确地引导稀土产品证券化的投资理念，中国必将掌握国际、国内的稀土产品定价及交易的话语权。

作为一家现货交易机构，南交所稀土产品交易中心首吃"稀土证券化螃蟹"，在全国首创了证券化电子交易模式。下一步规划，也较为乐观："未来一年内，将继续在各大省市、地区发展综合类会员，按照省级区域为单位发展33家稀土产品证券化交易综合类会员，开设100家稀土产品交易实体营业厅，为中国稀土行业的健康发展提供正能量。"

中国战略与管理研究会崔中副会长直言："南交所稀土产品交易中心实现了稀土产品投资交易的电子化、证券化、T+0即时交易方式，将大大促进民间投资者参与稀土产品的交易投资，从而也将实现中国政府通过民间收储方式将稀土及稀土产品藏富于民，减少国家资源储备中心对战略性资源的收储压力，尽可能地通过市场手段来促进稀土行业的健康发展。"

南交所稀土产品交易中心首季营运的成功依托于两个优势：一是南交所自身拥有近7.5万贵金属投资个人及机构户。一旦白银的投资行情趋于平淡，这些客户就会常识性地进入稀土产品的投资。二是与国内知名的稀土氧化物环保回收企业——广东中合稀有金属再生科技有限公司联手共同打造稀土产品实物交收基地，为日后大量的稀土产品现货电子盘的交易提供强大的实物交收后盾。南交所稀土产品证券化的趋势是BAT时代的产物，同时也是稀土产业走上国际化、平民化、证券化的必然趋势。

那么稀土产品证券化到底能走多远？我们先看一则最新的财经信息："京东商场"5月18日在美国纳斯达克挂牌上市，尽管2014年首季亏损35亿元人民币，但是京东上市还是迎来了250亿美元的股票市值，这无疑再次充分体现了互联网经济的繁荣，而稀土产品证券化投资的肥沃土壤正是来自目前互联网经济的无比繁荣。

南交所稀土产品交易中心在稀土产品证券化投资项目中占据着国内舆论高地，让持续低迷了几年的稀土产品投资行业逐渐回暖，打响了中国稀土产品争夺国际话语权及定价权的第一枪。南交所自2014年开业至今，据相关机构统计，各大媒体对南交所稀土产品交易中心的报道及转载量达1 000多篇，让稀土这一小众话题在公众视野中点爆，吸引了更多的民众以及民间投资者关注国内稀土行业。

三、证券化打开稀土金融属性想象空间

据市场统计显示，2014年前三季度有色金属板块整体上涨了30%左右，而稀土板块是有色金属板块中涨幅最小的子行业。行情低迷，稀土疲软仍困扰行业，甚至从稀土行业上市公司披露的业绩报告看来，2014年至少还有几家公司发布业绩预亏，这就是目前稀土行业的业绩现状。

因为稀土金属与其他不可再生的贵金属不同，由于工业需求较大，稀土更多体现了商品属性，价格更多是受到行业供求关系的影响，金融属性相对弱化。稀土行业的业绩与产品价格联动性非常大，往往价格稍微上扬，上市公司的业绩马上就改善，而搭建稀土电子交易平台，采取证券化手段加强稀土金融属性，在电子现货价格与交割体系日趋完善的基础上，实现价格与市场供需之间的双向运动，或可助推实体产业平稳健康发展。

从目前情况看，在政策、市场、资本等多方推动下，松绑后的稀土产业似乎也正在酝酿着一轮巨大的投资机会。2015年，北京、上海、深圳等地的金融投资机构及山西、陕西、浙江等地之前投资房地产或者煤炭的老板们对稀土虎视眈眈，他们都是一群嗅觉灵敏的产业投资者，已经开始着手考察和投资稀土项目。此轮稀土产业的松绑，也将对产业投资者产生巨大的吸引力。

由于这是个崭新的金融交易平台，国内目前许多稀土实物贸易商对这种现货电子盘的交易并不十分懂的运用。随着"神秘面纱"

被逐渐揭开，他们自然会从传统的实物贸易中转型，投入进来，利用实物质押融资来实现实物通过电子盘的多次交易买卖，同时利用价格的适时波动来实现实物的适时出货，实现稀土价格与市场供需之间的双向运动：企业先根据交易平台呈现的现货价格来判断市场供需情况，并据此安排生产，然后再通过控制价格来调节供需，进而获得稳定的、比传统贸易方式更丰厚的利润。

同为有色金属的黄金及白银除了被工业与科学技术应用外，既可作为货币在市场上流通，还可以金融市场投资对象，成为大众投资保值、增值的首选，这就是黄金及白银的金融属性。相对而言老百姓容易接受黄金和白银的投资属性。谈及白银在国内的投资属性还不得不提及湖南郴州市永兴县，这个名不见经传的小县城，硬是靠白银的回收业务闻名中国，同时白银的贸易商也集中在永兴。这些传统的贸易商也逐渐从传统贸易方式转向南交所的交易平台，特别是2010年以来，白银现货电子盘的交易开始慢慢趋热，目前日均交易量达到60亿元左右。这就是互联网金融市场的快速发展效应！

"何不从稀土的金融属性入手，跳出单纯的产业供需限制，在投资市场上寻找价格优化的路径？"这是笔者不断给稀土实物贸易商提到的一句建议。孔子曰："已所不欲，勿施于人"。笔者也曾经是一个贸易商，也经历过市场跌宕起伏之苦，时代在变，如果依然循规蹈矩，被革命的一定是自己！所以笔者建议实物贸易商跳出原有思维，利用自己手中的现货资源，结合交易中心的投资平台，在稀土交易平台上将一批货物做多次交易，类似于股票交易。参与者可以做证券化的短线投资，并且和期货交易一样，投资者可以同时做多和做空。而且南交所稀土交易中心不设置准入门槛，对任何人开放。因为，开放是平台最核心的特质。只有保持开放的格局，才能让更多的民间资本、产业投资者参与到稀土产品交易中来。对于交易平台来说，有足够交易量，才能有定价权。

在南交所稀土交易平台上，贸易商只要签署一个银行资金托管协议，便可以将交易所和银行的客户账户连接起来，通过客户端即可直接参与稀土产品交易。投资者可以是之前的实物贸易商，也可以是一般的贵金属投资者。由于交易门槛极低，可极大地调动民间资本参与收储，使价格不再由买方说了算。同时，更多的稀土生产企业和下游冶炼分离企业也可以参与其中，极大地促进稀土产品的销售和流动。

事实上，国内稀土证券化投资方面的尝试已经形成一股潮流。除了南交所稀土产品交易中心，还有三家稀土交易所，即包头稀土交易所、天津渤海商品交易所与泛亚有色金属交易所，三家交易所都在2014年增加了稀土交易品种。稀土交易平台可以广泛集聚社会民间资源，形成稀土商业收储模式，在全面放开出口份额之时，为国家稀土战略收储提供有利的补充。

第三节　稀土行业在金融投资领域
探索的成功样板

　　"从2014年开始，一场谋求中国稀土国际话语权的攻坚战已经打响。在此背景下，一北一南两次会议，加上2014年初成立的一北一南两个稀土交易平台，有望共同构成我国稀土行业谋求国际话语权的好声音。"这是国内官方媒体对稀土产业交易平台的客观评价。

　　其实稀土定价权的丧失在我国是一个由来已久的问题。在稀土定价权掌控方面，我国的各大交易平台都曾应用市场化的方法进行多种尝试。稀土产品证券化，是中国维持稀土产品在国际市场上的竞争力，以及抢夺国际稀土定价权的又一次尝试。

　　作为国内首家专业稀土产品现货电子交易中心，南交所稀土产品的证券化探索在一定程度上已然成为国家稀土大战略实施的一个成功样板。稀土证券化也是国家稀土大战略的一盘棋，同时国家财

中共梅州市委常委、常务副市长丁文（左五）出席南交所稀土产品交易中心开业仪式

广东省人民政府副省长刘志庚（左三）一行来南交所稀土产品交易中心调研考察

中共梅州市市委书记黄强来南交所稀土产品交易中心调研考察

中共平远县委副书记、县长刘许川（左一）来南交所总部调研考察

吴海明与工信部原材料工业司巡视员兼稀土办主任贾银松（左二）、清华大学翁端教授（左三）等

吴海明与中国稀土行业协会秘书长马荣璋（左二）等

吴海明与中国稀土学会秘书长林东鲁

南交所总裁曹明慧与吴海明董事长出席签约仪式

2015年稀土前瞻会

政部及工信部密集出台文件支持、鼓励稀土深加工技术升级及回收综合利用。"后稀土战略"寄望于民间收储及交易环节等市场行为留住战略性物资，尽可能让稀土产品成为投资品流转于社会。从这个角度来看，证券化与稀土产业实体互相交融是未来的趋势，也是拉动稀土产业走出低谷的一种方式。

稀土交易所影响的不只是稀土价格，最重要的还是用互联网和金融的思维颠覆了原有的稀土发展思维。随着互联网金融对传统产业领域的跨界入侵及推动，深入贵金属领域中的黄金、白银、稀土等战略性物资的交易窗口亦会逐渐放开。随着稀土行业在金融领域版图的日益扩大，届时普通大众就能更加轻松地进行稀土产品投资。

与此同时，包头稀土交易所、渤海商品交易所、泛亚有色金属交易所也纷纷加入了稀土电子贸易和商业收储的队列。2014年以来，在一南一北稀土产品电子化交易所中，稀土产品的流通性和流转性大大增强，稀土产品已经成为像股票、基金一样的投资产品。

一、稀土定价权"暗战"

我国稀土资源大抵可分为南北两类。北方以轻稀土为主，南方则以重稀土为主。地理上的分布特征也使得稀土交易所呈现"南北呼应"之势。

笔者在前面已经讲过了南交所稀土产品交易中心为什么选择落

户广东平远县，这里稍微再次介绍一下目前平远县稀土产业的一些布局：平远拥有稀土矿开采企业以及国内稀土分离规模最大、生产能力最强的全分离企业，还拥有省级稀土产业转移园一个。产业园首期占地4 000 000平方米，入园企业近60家，该产业园同时也晋级为"省级战略性稀土新材料基地"。由平远县国资委参与投资的南交所稀土产品交易平台，有助于稀土全产业链的发展及稀土采矿、冶炼分离、稀土贸易、深加工运用、定价交易平台等环节的纵深发展。

南交所稀土产品交易中心正式运行一年多以来，已有20余家机构在该中心的平台上交易，较为活跃的普通投资者则有四五百人。由于现在刚刚开始交易，这个日均交易规模与其他交易中心相比也算比较理想。当前交易中心的稀土产品交投比在千分之一左右，而更为理想的交投比应该在3%~5%，这主要是由于交易中心成立不久，交易总量还没有得到提升。进入2015年，北京、福建、江西几个区域的市场拓展亦会逐渐展开，日均交易量还会出现较大规模的提升。

除了南交所稀土产品交易中心外，我国另一个重要的稀土交易所位于包头。被称为"稀土之都"的包头，轻稀土储量占国内储量的87%。早在2009年，包头稀土高新区便联合包钢稀土等7家企业共同组建了包钢稀土国际贸易公司，对包头稀土矿生产的稀土氧化物和稀土金属实现统购统销。2012年8月，酝酿了多年的稀土产品交易所在第四届包头稀土国际论坛期间挂牌成立。2014年3月，包头稀土产品交易所正式运营。据悉，2014年包头稀土产品交易所现货挂牌、现货竞价、稀土网上商城三种交易模式的交易总额突破50亿元，共计562 470.3万元。

据了解，目前包头稀土交易所已上市了氧化铈、氧化镨钕和氧化铈等10个品种，而南交所稀土产品交易中心共有16种稀土氧化物进行交易。

随着稀土行业整合的推进，各地对于稀土话语权的争夺也在不断升级。南交所稀土产品交易中心和包头稀土交易所作为目前国内主要的稀土交易所，其参与群体与交易机制的设计也各有特色。从参与群体来看，包头稀土产品交易所由包钢稀土、五矿稀土、厦门钨业、中色股份、国家物资调节中心等12家参股单位各出资1 000万元联合成立。该平台设置会员准入门槛，如企业需要具有并完成工信部发布的冶炼分离指令性计划，同时企业需身份合法、使用稀土专用发票等。南交所稀土产品交易中心的门槛则相对较低，贸易商只要签署银行资金托管协议，便可以将交易所和银行账户连接起来，通过客户端即可访问并参与稀土产品交易，最低交易金额仅需10元。市场参与者既可以是实物贸易商，也可以是一般的贵金属投资者。

从交易机制来看，包头稀土交易所设定了三种现货交易模式，包括现货竞价、现货挂牌和网上商城。南交所稀土产品交易中心采取的是类似股票交易的电子盘，实现实时动态的T+0撮合交易，也就是O2O模式。"两个交易所在交易机制上不同，所以并没有直接的竞争冲突。"南交所稀土产品交易中心以证券化交易为主，希望把稀土交易打造成类似于黄金、白银等贵金属交易的模式。未来在网点布局上，除了实物交收仓库设在稀土富产区外，营业部还将开设在证券化较为成熟的一线城市。

稀土产品电子交易平台最适合稀土产品运用厂家及稀土产品实物贸易商。在此之前，稀土产品实物贸易通常是相对熟悉的买卖双方通过电话或者见面洽谈来达成最终成交数量及金额。这种传统贸易模式的缺点是：互信基础差（主要涉及产品配分成色、双方认可度）、谈判周期长（需经过看样、取样、化验、订合同、交货这些环节）、交易成本高（除过产品本身的交易费用外，人员的往返商务等费用开支也不小）。

现在，不管是稀土产品运用厂家（激光、发光、抛光、磁材、稀土合金、陶瓷、石化等）还是稀土产品贸易商都可以直接通过南交所稀土产品交易中心进行O2O模式下的轻松交易。简单来说就是在官网上开户，再通过网上交易平台下单，网下申请提取现货，免去之前传统贸易繁琐复杂的流程，轻松实现买卖双向贸易。

业内人士认为，虽然交易机制有区别，但无论是会员制还是证券化，二者都是规范化和公开透明的，有助于挖掘稀土的市场化定价。稀土交易所交易规模的扩大将在一定程度上化解国内稀土市场内斗的局面，有助于市场的进一步规范和行业未来发展。

二、稀土证券化先驱——南交所

2014年1月4日，南交所稀土产品交易中心正式在广东平远县开业营运，标志着国内稀土产品现货交易首次实现O2O模式，为中国的稀土产品运用厂家提供了一个全新的互联网电子商务平台，首次开启了国内低门槛、交易灵活便捷的稀土证券化投资模式。

在笔者看来，南交所稀土产品交易中心的出现，从深层次的意义上来说，让中国的稀土产品交易走进了证券化、平民化、流通化的电子交易时代。南交所稀土产品交易中心首季营运的成功依托于以下两个优势：一是南交所自身拥有近7.5万贵金属投资个人及机构户。这些客户一旦看到稀土的投资价值，就会常识性地进行稀土产品的投资。另外，当白银行情平淡时，白银投资客户也会"尝试性"地在同一个交易系统中进行稀土产品投资；二是与国内知名的稀土氧化物环保回收企业——广东中合稀有金属再生科技有限公司联手，共同打造稀土产品实物交收基地，为日后大量的稀土产品现货电子盘的交易提供强大的后盾。

从上市的交易品种来看，南交所稀土产品交易中心的交易涵盖了元素周期表中原子序数从57到71的15种镧系元素氧化物及氧化镨钕在内的16种稀土氧化物。而包头稀土交易所上市了氧化铈、氧化镨钕和氧化镝等10个品种，渤海交易所仅有氧化镝和氧化镨钕两个品种，泛亚交易所也仅有氧化镝和氧化铽两个品种。南交所稀土产品交易中心的投资品种丰富，为投资者提供了广阔的投资空间。

南交所稀土产品交易中心采取类似股票交易的电子盘，实现实时动态的撮合交易，非"对赌性质的做市商交易"更利于普通投资者，可以允许多次换手，并实现了T+0双向买卖，交易可以买多也可以卖空。双向交易随时可以获利，每周5天，全天24小时均可以交易。投资者无论身居何处，只要有互联网就能通过电脑或手机进行交易，下班了在家也可以操作。交易手续费为成交额的万分之八，无点差，无递延费（无过夜费）。

众所周知，我国股市目前尚没有资金杠杆可用，买方必须用足额资金才能买到相应的股票。但在南交所稀土产品交易中心进行现货交易时，只要交纳20%交易保证金，资金最多可放大10倍。

有多少人在A股真的赚到钱了？投资稀土产品可比股市有盼头。目前，稀土价格正处于历史低点，与实际价值严重背离。从2011年至今，稀土产品的价格一路猛跌。以氧化镨钕为例，2011年均价为714 342元/吨，而截至2014年5月26日，已经跌到了325 000元/吨，与2011年的产品均价相比，跌了几近一半。稀土收储预期叠加稀土资源税加码，未来稀土价格有望稳中趋升。

稀土可以和黄金一样成为抵制通货膨胀的硬通货，这一点恐怕是股票无法望其项背的。稀土足够保值，因为其储量稀少，且是"工业味精"。稀土就如红木一样因为稀缺性而存在升值空间。对全球高技术产业而言，稀土是一种贵重原料，电脑芯片、电动机、风力发电装置或互联网手机里，处处有它的影子。

享有"中国的战略智囊库"之称的中国战略与管理研究会的副会长崔中教授曾直言："南交所稀土产品交易中心这种将稀土产品投资交易证券化的方式，将大大促进民间投资者参与稀土产品的交易投资。另一方面，也能促进稀土及稀土产品藏富于民，减少国家资源储备中心对战略性资源的收储压力，通过市场手段来促进稀土行业的健康发展。"

第四章

稀土产品证券化成功
案例剖析

第一节　资产证券化时代的思考

资产证券化是以特定资产组合或特定现金流为支持，发行可交易证券的一种融资形式。资产证券化仅指狭义的资产证券化。自1970年美国的政府国民抵押协会首次发行以抵押贷款组合为基础资产的抵押支持证券——房贷转付证券，完成首笔资产证券化交易以来，资产证券化就逐渐成为一种被广泛采用的金融创新工具而得到了迅猛发展，在此基础上，现在又衍生出风险证券化产品。

一、美国资产证券化发展的借鉴与思考

在金融手段极其丰富的美国，资产证券化可以说渗透到了每个产业，而且被华尔街运用得淋漓尽致，银行、保险、房地产、政府债务、产业基金等是他们资产证券化的重要载体，更为重要的是，这些证券化的发展深刻地影响着美国本土经济，甚至影响着世界经

济的发展。自2007年3月以来，美国爆发了严重的次贷危机，强烈冲击了美国的经济，同时也以极其迅猛的势头席卷了世界各国的经济市场，让全世界都笼罩在经济危机的阴影之下。当时的美国，银行倒闭，厂房停产，工人下岗，信贷紧缩，投资者投资信心受挫，消费需求不足，经济秩序一片混乱。

下面我们来回顾美国证券化发展的简单历程。

美国的资产证券化发展进程可分为三个阶段：20世纪30年代经济大萧条时期至20世纪60年代末期；20世纪70年代初期至20世纪80年代中期；20世纪80年代中期至今。

1. 20世纪30年代经济大萧条时期至20世纪60年代末，贷款保险机制建立。

20世纪20年代末期，随着经济危机的爆发，美国大量居民无力偿还贷款，银行面临着资不抵债的风险。为化解危机，政府首先提供资金来源，成立了联邦住房贷款银行；其次是建立贷款保险机制，成立了联邦住宅管理局，为住房抵押贷款的发放机构提供保险。这些措施改变了美国住房抵押贷款的主要类型，改善了居民的借款条件，促成了美国住房抵押贷款从中短期贷款向标准化长期贷款的转型。

2. 20世纪70年代初期至20世纪80年代中期，以住房抵押贷款证券（MBS）为代表的资产证券化在美国产生和发展。

美国1984年通过的《加强二级抵押贷款市场法案》使所有已

评级的抵押贷款支持证券成为合法投资对象，紧接着政府又简化了审查程序，降低了发行成本。1986年，美国又通过了《税收改革法案》，为市场提供了合理的税收体系。最后的FASIT立法提案产生了金融资产证券化投资信托，资产范围扩大到多种金融资产，标志着资产证券化制度趋于完善。

3.20世纪80年代中期至今，以各种资产支持证券的发展为主导，信用卡、汽车贷款、学生贷款以及房屋权益贷款等新资产组合起来，形成资产担保证券。

1981年美国对金融机构自有资本比率设限，1988年国际清算银行进一步强化比率规定。这促使银行积极采取证券化方式出售各种金融资产，资产证券化由早期的规避风险转变为资产负债管理。其标的由不动产抵押贷款债权转变成各种其他金融资产。

美国解决储贷危机促进了商业住房抵押贷款证券化的发展。1983年，美国出现了最早的商业房地产抵押贷款证券化交易，此后零息债券等金融工具也逐渐被运用。1989年美国成立了重组信托公司，专门负责管理经营失败的储贷协会及其资产和负债。该公司为应对不良资产的难题，开创了新的资产证券化类型，使商业住房抵押贷款证券化市场迅速发展。

市场竞争推动产品创新。美国金融市场竞争激烈，由于资产证券化产品可以规避资本充足率的限制和分散转移。1968年，美国改组旧联邦国民抵押贷款协会，分立为现今的联邦国民抵押贷款协会以及政府国民抵押贷款协会。政府国民抵押贷款协会为中低收入居民提供购房服务，并提升抵押贷款二级市场的流动性。其在1970年首次发行住房抵押贷款证券，随后联邦房贷抵押贷款公司也发行了住房抵押贷款参与凭证，资产证券化的实践开始全面展开。

二、中国的资产证券化发展初级阶段的各种怪状

2005年被称为"中国资产证券化元年"——相对于美国资产证券化脚步整整晚了接近50年——标志事件为2005年4月，中国银行业监督管理委员会发布《信贷资产证券化试点管理办法》，将信贷资产证券化明确定义为"银行业金融机构作为发起机构，将信贷资产信托给受托机构，由受托机构以资产支持证券的形式向投资机构发行受益证券，以该财产所产生的现金支付资产支持证券收益的结构性融资活动"。同年11月，中国银行业监督管理委员会发布了《金融机构信贷资产证券化监督管理办法》；同时，国家税务总局等机构也出台了与信贷资产证券化相关的法规。

2005年12月，作为资产证券化试点银行，中国建设银行和国家开发银行分别以个人住房抵押贷款和信贷资产为支持，发行了第一期资产证券化产品。2005年12月21日，内地第一支房地产投资信托基金（REITs）——广州越秀房地产投资信托基金正式在香港交易所上市交易。

有了资产证券化在房地产信托基金开局，资产证券化在中国走出了千奇百状的"资产证券化"的发展之路。2010年似乎成了"市场资本炒作农产品的元年"，先是炒"蒜"，后是炒"豆"，再后来炒"姜"，不知接下来再炒啥。而在这个"击鼓传花"过程中，得益的是炒家。由于信息时代、网络时代的来临，姜、豆、蒜一时掀起"滔天巨浪"而使蒜农、豆农、姜农看得"眼花缭乱"。以绿豆为例，由于价格的诱惑，"绿豆之乡"吉林洮南很多农民2010年都扩大了绿豆的种植面积。有资料显示在洮南市两个绿豆主要种植区——大通乡和蛟流河乡，2010年的绿豆种植面积比2009年增加了50%。

　　这样的农产品证券化事件同样出现在山东金乡，由于大蒜容易储存、不易变质的特点，加上金乡这些年来大蒜交易市场规模不断发展，金乡已经形成了以大蒜作为投资品的全产业链。

　　大蒜市场内的多位经纪人对《南方都市报》记者透露了产业链的运作：蒜农种植大蒜；蒜贩子从分散的农户手里收购大蒜卖入市场；市场里的中间商提供炒蒜中介服务，帮助炒家代收、代销、代冷藏储存，大的中间商都修建有储量几千吨甚至上万吨的冷库；资金成千上万亿的"大炒家"通过中间商买入或卖出成百上千吨的大蒜——这样的大炒家基本上是福建、浙江、广东、河北、黑龙江等地过来的。蒜农和蒜贩子作为散户在行情火热时跟风炒作；而这时，大蒜电子盘交易则推波助澜，助涨助跌。

大蒜的炒作路径往往是这样：炒家们看到有机可乘，会通过中间商大量购进大蒜。除了市场上每天例行的批发量和出口量，市场上的大蒜会被炒家们陆续锁进中间商提供的冷库里。在市场狂热时，比如2010年，当时每500克大蒜价格疯涨到六七元，很多炒家是直接炒作"冷库"，1 000吨的冷库，上一个炒家可能以每500克3元花6 000万元买入，再以每500克4元共计8 000万元的价格倒手给下一个炒家。买进与卖出时，大蒜根本就不出冷库。

"大蒜被不少人当成股票来炒。前几年炒家都是做短线的。很多外地炒家跟风的多，本地人却因为懂行情，参与得更多，甚至很多人全部身家放进去炒，一遇到风吹草动，触觉敏锐的批量抛售，而没舍得"割肉"的亏损惨重。"

在中国资产证券化蹒跚学步的元年，农产品、工艺品、茶叶、黄花梨等都曾经被证券化侵蚀过。一位业内人士告诉记者，2000年前后，进入大陆的港台茶商雇佣了大批收茶人前往云南各大城市的茶厂、茶庄、供销社甚至边远村寨收购老茶。

当时国内的普洱收购成本非常低，而且由于是大量扫货，最初两年每千克的收购价甚至不超过10元，而收茶人的费用则按每片茶饼1元的价钱给付。他们仅用3年左右的时间便将云南大部分的陈年老茶收购殆尽。

2004年以后，港台商人在云南扫货的同时，还开始介入云南茶厂的并购重组，以达到控制上游产业链的目的。并通过对个别品牌产品的"拍卖"造势、拉抬价格的做法，成功吹大了普洱茶的泡沫，在短短几年时间内将普洱茶批发价格从800元一件拉抬到1 000元一件，并最终拉抬到20 000元一件的天价。

投资价值是庄家的又一噱头。庄家摇身一变在各类媒体上为公众讲解投资技巧，各类介绍投资茶叶的书籍、电视节目不断推出。在中国这个投资渠道匮乏的国度里，普洱茶的暴利就像磁铁一样吸引着国人的眼球。越来越多的人加入到"炒茶"的行列中。

投机者追逐普洱茶的暴利，并不关注茶本身的品质，当时有个怪现象——真正的老茶价值不如新茶。比如20世纪60年代至20世纪80年代的"文革砖"普洱茶不过价值3 000元一件至5 000元一件，而新茶竟能拍出上万元一件的价格。

巨大的市场需求伴随炒作而生，迫使茶叶产量连年暴增。有数据显示，普洱茶产量从2003年的年产两三万吨到2007年的14万吨，竟然在不到5年的时间内几乎增加了6倍。

与上述农产品的价格被投机者不断炒作一样，黄花梨也面临着相同的命运。它的身价由过去每斤几块钱被炒到最高达每吨9 000万元左右，虽近两年价格有所调整，但也一直稳定在每吨3 000万元左右。海南黄花梨怎样由木枝变金枝？《天涯》杂志编辑部主任林森认为，艺术品过于昂贵，并不等于普通大众就懂得和喜欢。"花梨木在以往珍贵，不像今天这么功利，更多的是一种心灵的寄托！"

有行业人士认为，这是一种文化现象，是文化价值的体现。黄花梨这种树木除了其拥有自身坚韧的品质、高贵的香气、特殊的药用价值等外，还有其审美价值。

"这是个资本狂欢的年代"。海南省作协秘书长梅国云说，烧火木柴价值夸大到难以想象的地步，是比牛气、升值投资、文化收藏等推波助澜作用的结果。他说：这种现象是中国特有，"幸亏外国人不像国人这样追捧木材，否则，海南黄花梨的价格可能超过钻石！"

以上都是中国在资产证券化发展初级阶段的一些浮躁现象，除了那些艺术品因稀缺性而具备一定的投资价值外，农产品及产业被爆炒纯属中国投资者对投资的一种误解，同时也折射出国人对投资及金融逐利的狂热。

要想让资产证券化进入理性的投资及流转，首先资产证券化的标的物必须具备四个重要特征：一是资产的稀缺性；二是资产的流转方便性；三是交易场所的合法性；四是投资者的教育与普及。

三、大数据时代的金融衍生品

要想把资产证券化做好，必须依托大数据。比如目前沪、深两地的股市交易，日均交易量曾经突破1.2万亿元，这离开大数据及云计算是绝对不行的。大数据，又称巨量资料，指的是所涉及的数据资料规模大到无法通过人脑甚至主流软件工具在合理时间内撷取、管理、处理并整理成帮助企业经营决策的资讯。大数据具有数据量大、数据种类多、要求实时性强、数据蕴藏的价值大等特点。各行各业均存在大数据，但是众多的信息和资讯是纷繁复杂的，我们需要搜索、处理、分析、归纳、总结其深层次的规律。

1. 大数据的挖掘和处理。

大数据必然无法用人脑来推算、估测，或者用单台的计算机进行处理，必须采用分布式计算架构，依托云计算的分布式处理、分布式数据库、云存储和虚拟化技术，因此，大数据的挖掘和处理必须用到云技术。

2. 大数据对互联网金融及金融衍生工具的应用。

大数据的社会基础非常适合稀土证券化发展。除了已经完美解决了稀土证券化交易所需要的数据传送安全及速度问题外，客户的数据终端运用也得到了长足的发展，大数据的源头就掌握在9亿多网民及近6亿智能手机用户手中。实现稀土证券化只需要简单与大数据链接及导入，其实就是简单的投资者教育。

举个专业的例子，如果通过百度、腾讯、中国移动等互网联用户免费植入稀土证券交易软件，并且提供简单的演示体验，再结合少量的资金配套奖励，6亿智能手机用户只要账户上存余10元人民币入市参与炒作稀土产品，每天的交易量就会突破60亿元，而且还不算资金杠杆的效应。

总的来说，大数据是通过运用新系统、新工具、新模型挖掘大量、动态、能持续的数据，从而获得具有洞察力和新价值的东西。只要寻到合适的接入点及体验式的切入点，可能一个大数据的导入及利用就会给稀土证券化带来海量的交易及跨界的变革。

大数据时代来临，一切的不可能都有机会变成可能，就像阿里巴巴只需要一个"双十一"就可以完成近600亿元的网上交易一样，互联网金融的精彩结合稀土产品的投资性呈现给我们无限的想象空间。

四、2014，中国开启稀土金融投资新纪元

在中国，从来就不缺钱。2014年广义货币（M2）总量达到110.65万亿元，沪、深两市股市总市值23.76万亿元，可见中国货币性的充裕。稀土这个在国外关注度高、在国内充满"内伤"的稀缺资源产业，发展空间巨大，但是由于私挖滥采导致的环保问题也备受地方政府关注及头痛。稀土产业目前在中国的行业经济体量本身并不大，但足以影响未来国际战略性新兴材料的发展。

在国内稀土板块的资本市场中，在沪、深两市中涉及稀土产品及业务的上市企业不到20家，其中的企业市值也随着前几年稀土价格的波动而出现过山车式的暴涨暴跌。在笔者看来，这个现象属于稀土行业金融投资的初级阶段。一个产业的繁荣和发展，应该是产业链式的成熟。比如：采矿链条、分离链条（湿法分

离）、深加工链条、环保回收综合利用等完整的工业链条，而目前在国内国家层面出台的行业整合依然集中在采矿及分离指标的管控上，稀土产业的高新技术孵化及运用、产业扶持及奖励方面都未提到议事日程中。国家每年对行业的财政补贴完全由央企及国企分得，民营企业几乎没有任何机会参与其中，也就是说目前稀土产业尚属于"计划经济时代"。笔者认为这种格局对产业的发展是不利的。

只有引导更多的机构及产业投资者进来，用市场化的手段打破国企的垄断，通过国家市场化的合理调控手段引导资金往高端技术孵化及运用、稀土深加工产业链延伸，利用稀土证券化、多元化的金融手段来对稀土产业进行刮骨疗伤，才能快速发展稀土产业，打通稀土产业"任督两脉"。

经过近十年的资产证券化发展，我们目睹了沪、深股票市场的繁荣以及中国企业通过证券市场实现资产证券化的巨大效应，但是资产证券化的发展在中国还属于初级阶段，证券交易市场的发展及期货行业的发展也只是处于爆发式发展阶段，证券交易模式及股票挂牌上市模式要与国际接轨尚需要时间，注册制及T+0这两个国际通行模式的放开目前还处于讨论阶段，这就是资产证券化初级发展阶段的标志。尽管如此，稀土产业依然可以借目前沪、深两地股市的繁荣及产业金融的活跃来嫁接稀土产业的证券化尝试，同时通过产品交易平台、产业投资基金、产业孵化基金、产业并购基金等多元化的金融手段来稀土产业的发展。

鉴于对金融市场、股票市场、期货市场、现货交易中心等各种资产证券化交易方式及模式的研究，同时借鉴互联网对各行业的冲击甚至是颠覆，进一步结合大数据时代给各行业的巨大商业机会，经过2014年的发展，其他的商品交易所陆续地跟进了稀土产品投资品种的上线挂牌交易，稀土证券化蔚然成风。

第二节 死磕稀土证券化，咬住青山不放松

选择标签，制造标签，传播标签。这就是笔者对目前资讯大爆炸时代，互联网侵蚀与传统媒体变革下的E时代的理解。不同年代的人所认同的标签也不同。"土豪"与"屌丝"是在网络社会中针对不同人群的标签。如何传播"稀土证券化"这个投资理财新工具成为我们首先思考的着力点。我们对黄金、白银等贵金属市场的投资发展历程深入研究后，最终选择了"稀土产品证券化"作为我们的时代标签，这也是我们推广的发力点。

选择了金融市场及投资工具的标签后，如何制作标签、传播标签、输送标签就成为2014年业务信息传播的重中之重。锁定了传播标签及时代信息传播核心后，我们又开始了对传播目标人群的分析，到底谁会关注稀土证券化的话题？谁有兴趣参与稀土证券化？要导流哪些行业投资者进来？经过一轮针对机构及个人投资者的走访及调研，一大批不同类型的目标客户浮上水面：①产业投资者

（针对原有稀土贸易、分离等实物类企业，受到行业整合影响必须转型）；②跨界投资者（针对房地产、煤炭、艺术品投资者，因行业影响而思考转型）；③金融投资者（投资股权投资基金、信托基金、并购基金者）；④股市二级市场投资者（引导其开户参与稀土氧化物投资交易）；⑤黄金、白银等贵金属投资者（引导其在全国各地开设营业厅）。这些都是稀土证券化未来的参与受众及良好土壤。

一、高举高打的传统媒体，结合接地气的门户及垂直媒体

在经过周全的分析及多次讨论后，我们逐渐锁定媒体推广思路及媒体选择主线：①权威媒体锁定为新华社（新华网）、《人民日报》（人民网）、国务院信息发展研究中心——国研网、《南方日报》、中新网、《中国证券报》；②主流财经类垂直媒体锁定为《中国金融时报》《21世纪经济报道》《第一财经》《信息日报》、《新快报》等；③综合类门户网站锁定为腾讯、凤凰财经、新浪微博、网易、百度等；④行业内垂直媒体锁定为中国稀土学会、中国稀土行业协会、产业在线、我的有色、钢联资讯、贵金属网、雪球网、金融界、东方财富网、证券之星等。立体化的媒体传播网初步建构完成，基本上能保证舆论宣导的权威性、主流性、指向性、到达率等要素和指标。

媒体主线思路及打法清晰后，我们开始思考一套循序渐进的舆

论宣导核心话题，经过与多个媒体的主编们讨论，一系列极具传播性及点爆性的话题形成：①"土豪"都转型投资稀土了；②只有稀土，中国才能任性；③稀土也玩证券化；④中国稀土产业的几点思考；⑤稀土成为继黄金、白银后的又一投资品；⑥稀土贸易商转型记等一系列重磅文章纷纷定稿。

2014年5月，南交所稀土产品交易中心的第一篇文章《土豪都转型投资稀土了》重磅推出，被各大财经媒体疯狂转载，公司官方网站（www.xitujiaoyi.com）一夜之间得到上千个独立IP访客，金融财经网站也纷纷转载，实现了首次传播开门红的良好局面。接下来陆续登载的重磅文章亦得到很好的传播效果。

二、政府首肯，机构协力推进

在尚未真正启动前，我们计划在稀土板块发力做强做大的构想也得到了平远县人民政府、梅州市人民政府领导的大力支持及高度关注。广东省人民政府副省长及梅州市人民政府市长均亲自率队来到位于平远县的南交所稀土产品交易中心营业厅考察调研，多次提出重要的建议及指示，这对于我们团队来讲无疑是莫大的鼓励及肯定。

媒介的推广加上省、市、县各级政府的高度关注，直接或者间接地提升了南中国稀土版图的活跃度，涉及稀土业务的上市公司五矿稀土、广晟有色、盛和资源、中科三环、安泰科技、天威保变等纷纷派人考察平远县稀土产业，清华大学材料学院、中国电子信息产业研究院、中科院长春所等国内专业科研机构领导及学者也率队组团来调研，平时比较寂静的平远县城变得熙熙攘攘。

一年来，以南交所稀土产品交易中心为核心的稀土证券化点爆了整个稀土产业投资的热情并引起极大反响。一年来，通过专业的媒介及扎实的线上线下服务，关于南交所稀土产品交易中心的新闻及报道接近260篇，阅读量超过了1.2亿人次，完成年度稀土产品现货电子盘交易量53亿元人民币。而稀土证券化的财富故事才刚刚拉开帷幕，更多的精彩有待日后呈现。

三、舆论定调，将稀土上升为与黄金同等地位的投资品

很多人知道稀土是稀有金属，是国家战略资源，知道它贵重，但却不知道它贵在何处，它的价值体现在何处以及其应用在哪些领域可能就更鲜为人知了。面临如此机遇和挑战，南交所稀土产品交易中心的运营团队如何传递稀土投资理念、树立行业地位？又如何让人们知道稀土也可以和黄金、白银一样成为投资品？我们通过大量走访黄金、白银的现货投资者了解到，由于黄金、白银已经是国际准货币的贵金属，它的市场行情发展往往受到海外诸多因素的影响，特别是受到美国及欧洲经济运行（影响货币政策调控）影响，同时交易相对于中国来说存在信息时差，很多投资者往往在深夜（美国时间是早上）研究政策面，甚至还要盯住交易盘面。因为黄金、白银及有色金属等大宗商品的定价权都在西方国家手里，这就

给16种稀土产品交易创造了一个巨大的投资交易机会。南交所稀土产品交易中心一开始就上齐了16种稀土氧化物的交易标的，可以同时在同一个交易软件窗口中选择买卖白银及16种稀土氧化物，当白银行情相对平缓或者盘整时，投资者可以买卖稀土氧化物，这样一来就弥补了16种稀土氧化物刚刚上线交易时相对交投不活跃的投资缺陷。

南交所的交易平台平稳运行一年后，南交所稀土产品交易中心的各种稀土氧化物的交投情况仍然相对活跃，特别是独有的证券化交易模式（T+0即时买卖、可选择做多做空）让诸多黄金、白银的投资者逐渐加入稀土证券化的投资交易中。南交所在国内稀土电子交易平台中先行一步以及"稀土将成为继黄金、白银之后又一大国际化投资品种"的定位逐渐清晰。

四、联姻国内知名公关传媒团队，厘定执行传播主线

2014年3月，"稀土投资"概念模糊，相关信息极少。在百度输入"稀土投资"可找到相关新闻约253 000篇，微博搜索"稀土投资"找到实时微博475条，这些均为企业项目投资新闻，中间没有稀土投资理财的内容，关于"稀土证券化"的信息更少。我们在首次创意研讨会上大胆提出"破题"概念，就是点爆"稀土证券化"这一话题，而当时恰逢WTO中国败诉，因此稀土话题具备了一定的关注度。尽管稀土本身是一个小众的话题，但这不妨碍它作为国家战

略资源的强话题性。为此南交所稀土产品交易中心联合汇志传媒，开启了关于稀土产品投资的媒体教育和投资者教育。结合自身特点，南交所稀土产品交易中心占位"稀土交易中心"第一平台，以"国内首家专业从事稀土产品现货电子交易中心"定位，并以"稀土产品证券化"为核心卖点全面推广"稀土投资"。

从概念来讲，南交所稀土产品交易中心应锁定两个关键词"稀土""证券化"。由于是稀缺资源的金融投资平台，既可以通过线上媒介推广，也可在线下进行活动普及，多方面普及知识有利于让普通民众了解这一行业并参与其中。又由于南交所所做的是撮合制稀贵金属证券化交易，拥有自己的独立客户端，且具有门槛低、小资金操作这几个特点，因此汇志传媒从财经媒体库中随机抽取了36位财经媒体人进行调研，给"稀土证券化投资"量身定做了一份项目传播报告。

从现有的网络资料来看，事件传播的碎片化及自媒体化已经成为趋势，汇志传媒建议南交所稀土产品交易中心首先搭建自媒体矩阵（包括新华网、今日头条、微信、微博、东方财富网、金融界、凤凰财经、雪球等注册自媒体）。从后来的传播效果来看，自媒体的组建及成效还是不错的，与官媒、主流财经媒体、门户网站等形成了有效的互补。自媒体是指私人化、定向群体化、连串化、自主化的传播平台，以现代化、电子化的手段，向普通大众传递规范性及非规范性信息的新媒体的总称，包括微信公众订阅号、百度直达号、新浪微博、今日头条等都是自媒体平台，在快餐文化风行网络的今天，自媒体传播平台已经成为企业对外宣传的一个重要途径。

在南交所稀土产品交易中心自媒体平台上，我们原创发出的《稀土产业的几点思考》一文被百度文库及鹿头社收录。该文提出稀土核心价值路线，指出"封闭是没有出路的，只有外紧内松，对外收紧出口，对内呼吁投资、呼吁深加工、呼吁资源回收综合利用，创建稀土产业值得大力发展的舆情风口，为中国稀土的国际话语权、定价权建立平台，让国内的投资者参与到中国稀土产业中来，最后形成探矿、开采、冶炼、深加工、循环利用的有序化、合理化的市场，从而树立国际话语权"。这一观点被国家稀土办相关负责人高度认同，认为是具有可行性及远见的政策产业建议，同时寄语南交所稀土产品平台迅速做强做大。

笔者在这里简单分享一下关于自媒体的运用心得。目前南交所稀土产品交易中心的自媒体"今日头条——稀土产品交易中心"已经取得不俗的成绩，多篇文章的当天点击率及阅读量都超过15万人次，这个成绩得益于我们对自媒体内容的优选及时效性的把握。另外，我们还在雪球网上注册，由于雪球网专业投资者的粉丝量巨大，我们每天公布的稀土氧化物价格走势几乎成为粉丝进行稀土类股票二级市场买卖的交易依据。这个信任度非常难得。我们有时还会分享一些出格的观点，所以看一些优秀的自媒体文章就像看野史一样十分独特有趣，他们给读者留下的印象是自媒体的个性；而且他们在字数方面控制得很好，一般都会把文章控制在1000字左右，让读者可以在10分钟内读完。针对投资者和媒体对稀土投资缺乏相关知识的现状，南交所稀土产品交易中心近一年来推出的可读性及传播价值强的几篇大稿，硬是将舆论的风口引导到对企业发展有利的道路上。

我们的自媒体平台经过汇志传媒几个月的代运营及推广，线上定期上重磅文章，线下与粉丝互动，以财经主流文章及具有爆炸性的新闻信息吸引了几千个粉丝的关注，紧接着导入项目话题及爆破舆论，持续轮番传播稀土产品交易中心投资价值。一季度先是结合WTO败诉导入话题，吸引机构关注；二季度的话题是持续传播稀土产品交易投资价值，随后将南交所稀土交易中心优势持续深化，使其成为稀土证券化行业的意见领袖及专业的行业喉舌。一系列循序渐进的推广报道下来，提升了投资者对稀土的关注度，增强了投资者对稀土证券化投资的信心，促进了新入市投资者尝试交易，同时还吸引了一批原有的黄金及白银的投资者转投稀土产品。

五、稀土证券化项目立体化多媒体传播实施

制定出传播主线以后，汇志传媒作为执行机构组建了项目的执行团队，落实各项工作，从稀土产业新闻的360度舆情监控，到大小稿件的链接落地，有条不紊地进行专业推进，把控核心主流媒体，并搭载已初具规模的自媒体矩阵网络，让其成为稀土证券化投资理

念的播种机和宣传队。以前面制定的循序渐进的话题逐渐导入，分级点爆。

在上层路线上，以高端专业媒体为核心对专业媒体喉舌及国家领导层面的教育科普，平媒、网络、财经大V联动转载，在潜移默化中影响稀土传统贸易商、主流的财经媒体及领导层面的思维，打开市场、舆论及政策的风口，让媒体及政府部门更加关注稀土资源及稀土的电子交易平台，促进稀土产业结构的优化及升级。

在群众路线上，打造明星投资者，以民间范例影响广大受众，让自媒体矩阵充分调用网络营销方式，以及360度舆情监测。在全国的媒体平台及时扫描稀土行业正面及负面信息，牢牢把控信息传播的正能量，积极鼓励更多的投资者参与稀土产品交易投资，在这一过程中播种全民参与稀土产品投资的意识理念。

行业内大事件营销战略也在此次整合推广中发挥得淋漓尽致。经过了近一年对整个行业大面积推广普及稀土证券化和其他几个商品交易所新增稀土氧化物的上线交易，使稀土证券化的话题愈来愈热，投资者对它的认可度也日趋提高，于是我们决定在年底举办"2015年中国稀土前瞻会"。举办这次会议的目的就是想齐聚稀土行业内重量级的上市公司高管及中国顶级科研机构、中国著名高等学府等的专家学者一起热议中国稀土未来五年的发展趋势。这个想法一提出来马上就得到了五矿集团、广晟有色、盛和资源等几家上市公司及清华大学材料学院、中科院长春应化所两个稀土高端技术运用科研机构的积极响应，于是2014年12月26日在梅州市顺利召开了"2015年中国稀土前瞻会"。梅州市政府高度重视并安排了一位副市长全程参与了会议，同时会议中的四个专题内容通过官方媒体及自媒体进行了即时微直播，专家观点及技术亮点公开推送后，被几千个粉丝收集。

全方位的覆盖、立体化的包围是此次稀土证券化项目的舆论推广组合拳。我们坚持"一对一"说话，不同的人群有不同的媒体与之对应，即金融媒体对金融投资人士说话，门户媒体对大众人群说话。这种策略取得了巨大的成效，国内投资者对稀土的投资跃跃欲试。可是很多人对交易规则及风险并不了解，为此，南交所发布国内首个稀土产品交易投资指南，让更多的投资者明白地参与到稀土产品交易投资中来。

此时，已经具备成熟市场、舆论及政策支持的稀土产品电子交易平台呼之欲出。在这样的大环境下，南交所稀土产品交易中心横空出世，在民间掀起了稀土证券化投资的热潮。在这一系列公关组合拳之后，南交所稀土产品交易中心在国内"稀土电子第一交易平台"的形象已经深深地印在投资者心中。

一年来，南交所稀土产品交易中心以53亿元稀土产品实物电子盘的交易量在行业内拔得头筹，点爆了"稀土证券化"概念，启动了整个行业。南交所稀土产品交易中心播种的是稀土产品投资的意识，改变的是投资者及贸易商的传统理念，收获的是专属的稀土投资圈子。

六、引爆稀土证券化投资理念

1.专业媒体舆论氛围教育

认识到一年前全民对"稀土证券化""稀土交易"等词条理解的空缺，我们通过对百度百科词条的编辑，加入"稀土证券化"及"南交所稀土产品交易中心"的描述。同时在企业内刊、宣传视频以及自媒体矩阵中分层次、分媒体定向推送，比如在"腾讯视频""乐视网""搜狐视频"等网站推送专题片，通过我们积攒的近千家稀土贸易企业名录邮寄赠送企业画册，举办高层次的"2015年中国稀土前瞻会"占领舆论高地。这种舆论氛围组合拳能以声音、图像、文字为载体有效地覆盖整个资讯网络，如互联网、财经报纸、行业协会平台等。"南交所稀土产品交易中心"这一名称传递着两种信息：第一，该交易中心是在国内稀土行业面临部分稀土氧化物产能过剩、价格低迷的情况下横空出世的国内首家稀土电子交易平台是唯一一家做稀土证券化的交易平台它的成立对业内造成了极大的震动；第二，稀土资源因为其珍贵性及稀缺性引起民众关注，稀土资源是国家的战略资源，更可用于高尖端企业及军工。稀土行业发展的一举一动都会给相关媒体制造舆论的话题及焦点。

根据互联网后台数据分析，南交所稀土交易中心在网络上的几篇大稿均是以"稀土证券化、定价权、南交所稀土产品交易中心"

为主要关键词进行媒体的理念引导培育及舆论环境塑造的。南交所稀土产品交易中心每月会撰写两篇与上述主题相关的新闻引导舆论。在核心主流财经、新锐媒体、门户及垂直网站频道首页推送，在《21世纪经济报道》、一财网、《中国证券报》《南方都市报》等媒体均有大稿发布，成功覆盖了主流财经报、三大证券报、主流都市报等各类平面媒体，维持了南交所稀土产品交易中心在公众视野中的曝光率。

经过三个季度的关键词点爆以后，南交所稀土产品交易中心在全国范围内拥有1 500名用户，并在十家地级市拥有营业网点，同时还开拓了一家省级代理商，完成了53亿元的稀土产品交易额，交易量及行业影响力在国内暂时拔得头筹。南交所稀土产品交易中心在此不但成为稀土产品投资交易行业风向标，而且其官网（www.xitujiaoyi.com）也成为行业媒介的翘楚。

回顾一年来取得的硕果，总结此次关于"稀土证券化"项目的整合传播，我们看到了跨界媒体互动的新亮点，特别是自媒体中各种软性文章的魅力。在软文推广方面，我们做得比较好的就是标题的选择，这是第一点，也是最重要的一点。好标题可以吸引读者，做好标题就已经成功了一半。诸如"WTO稀土案中国'一审'败诉或引发行业市场化松绑""稀土产品证券化时代来临""南北交易所探路稀土定价权""史上最有节操的投资，稀土交易你知道吗？""球迷请注意！看稀土投资如何逆世界杯魔咒"都是比较有吸引力的文案标题，紧扣时事、焦点或运用网络语言，让观者有浏览的欲望，获得了相关媒体平台的转发转载。但笔者要提醒的是，标题和要写的内容不能不相符，因为写的东西是要给读者看的，欺骗读者就是欺骗自己，也不会有媒体平台愿意转发文不对题的文章。

南交所稀土产品交易中心在网络媒体发布稿件100多篇，而且全部发在四大门户网站以及主流财经网站、垂直专业网站的相关频道首页，部分占据了头条及焦点位置，每一篇网络大稿均有数百家媒体平台转载及传播，浏览人数达1.2亿人次，引起了相关政府部门的关注及支持。"南交所稀土产品交易中心在稀土行业经历了中国稀土WTO败诉、国内打击整顿黑稀土、运用市场低迷、部分产能过剩等情况并在短时间内占据了行业龙头的地位，未来将给诸如我这样的稀土传统贸易商带来贸易转型的机会。"江西赣州一位从事稀土贸易工作十几年的商家这样评价道。

稀土产品证券化模式的推广：一是可以提振国内稀土的价格，促进部分稀土氧化物的销售与流通，不再让稀土资源廉价外流，还可以鼓励国内投资者参与稀土产业，最终形成从探矿、开采、冶炼、深加工，再到循环利用的有序化和合理化的市场；二是有利于调动民间资本参与收储。

2. 打造自媒体矩阵，充分调用网络营销方式

经过一年的努力，稀土证券化理念已渐入人心：除了在主流的

财经网媒及平台媒体传播以外，新兴的社交平台诸如博客、论坛、百度知道、天涯问答、QQ群等也没有遗漏。截止到2015年1月底，署名"岭南稀土部队"的草根号已发布了4个主要话题，同步配合微博、微信、EDM、移动APP等推广，单个话题推广渠道不低于30个。对于年长者，该账号推广的是现有的成熟市场；而吸引年轻人阅读该账号的文章可以对他们的投资理念起到潜移默化的转变作用，只有让年轻的活水不断补充进来，市场才不会越做越小。

在最初推广时，部分媒体表示因为稀土是国家战略资源，敏感性较强而不愿涉及，敢"吃螃蟹"的媒体不多。通过几个月同媒体的沟通以及南交所稀土产品交易中心自媒体观点的推送传播，部分媒体在撰写和稀土相关的新闻时已会主动提及"南交所稀土产品交易中心"，媒体教育初显成效。

南交所稀土产品交易中心通过企业自媒体平台发布的文章，先是从宏观层面切入，从WTO稀土败诉入手，谈行业环境变化给稀土产品投资带来的机遇与挑战，再传递南交所稀土产品交易中心交易火爆的现状，聚焦公众视线到稀土投资上，传递稀土投资价值。这些文章对稀土行业进行了市场分析，提出了政策性建议、预测了未来的发展趋势，观点鲜明且有独特性见解，引导媒体及相关政府部门去关注、去重视稀土证券化，再鼓励民间参与稀土投资。

星星之火可以燎原。诸如微信订阅号、微博以及今日头条等新媒体，有别于由专业媒体机构主导的信息传播，它是由普通大众主导的信息传播活动，由传统的"点到面"的传播转化为"点到点"的传播。在南交所稀土产品交易中心的"今日头条"自媒体平台中，仅"中国2 500万吨稀土流失：幕后黑手令国人震怒"一篇文章的阅读点击率就超过了17万人次，甚至比专业媒体的关注度还要高得多。

自媒体之所以爆发出如此大的能量，从根本上说取决于其传播主体的多样化、平民化和普泛化，所发文章的内容语句通俗易懂，更易被读者主动接受。读者并不喜欢太专业的文章，那是给专家或是研究者看的，而我们要写的软文是面对大众的，越是通俗易懂，越接近大众的心理，读者越喜欢。我们做了个预估，如果每个微信普通用户都有300左右的好友，其转发后可传播给300个人，在微信朋友圈"口口相传"可带来"滚雪球"式的推广。总之，只要标题好，读者就会看；只要内容好，读者就会转发。

第三节　线下推广渐入佳境

一、营业厅网点部署主产区挑战"淘宝网"稀土销售群

2014年3月23日，由梅州日报社、梅州网、梅州市金融局、梅州金融学会、南交所稀土产品交易中心主办的第三届"客都财富论坛"，以"稀土氧化物及白银的投资机会"为主题展开讨论，论坛吸引了投资者、财经界人士等共300多人参加，对稀土证券化的关注热情因而空前高涨。

同时，南交所稀土产品交易中心在线下也开始了布局，自开业以来，已经将梅州市"五县、二区、一市"、珠海市、东莞市、深圳市等营业厅网点部署完毕。这些营业厅交易网点，将打破长期以来电话订购议价或者在阿里巴巴、淘宝网等销售稀土氧化物成品的格局，让稀土定价权由市场决定。就像石油一样，中东是全球最大的石油供应方，但是油价并不一定由中东决定。广东成立稀土交易

中心不一定能提高稀土的价格，但至少增加了稀土的流通价值，吸引民间资本收储稀土，使稀土买卖不仅仅局限于工业应用，也成为民间投资的一个品种。

传统的销售途径不仅浪费了大量的人力、物力，还容易造成稀土氧化物成品有市无价的现象，市场价格的紊乱让每一位投资者都持观望的态度。而证券化稀土产品交易所的推出以及微交易所的推广，将极大地促进稀土产品投资以及稀土产业链的发展。

2015年1月，深圳市德亿稀土产品投资管理有限公司与南交所稀土产品交易中心签订合作协议，成为南交所稀土产品交易中心在广东省区域的战略合作伙伴，以稀土产品证券化项目为契机，携手挺进珠三角经济重镇，全面开启广东市场，做大做强稀土产业，在省内重要的商品交易基地及有色金属、贵金属活跃地区建立数十家"南交所稀土产品交易营业部"，协助交易中心打造国家级稀土产品交易平台。

南交所稀土产品交易中心将国内稀土产品证券化市场按省级区域分成34块，拓展各个省份代理业务及实物类贸易商，连同国内有实力、有兴趣的投资者及稀土氧化物贸易商共同为我国争取在国际市场上对稀土产品的定价话语权。在稀土氧化物升值时拉高盘面的价格，在实物贬值时通过在电子盘上做空对冲来降低实物贬值带来的损失，从而给稀土实物贸易商提供了风险对冲的金融服务平台。

南交所稀土产品交易中心在各大省市地区发展综合类会员的目

的在于，通过连同该地区有资源、有实力的企业打造以"稀土产品证券化项目"为基础的城市群落，群雄鼎力，资源共享，让更多的稀土产品运用厂家及稀土产品实物贸易商参与进来，以类似于"宅急送"的模式降低稀土产品现货交易的成本（往返商务等费用），可以为实物贸易商在金属价格低下惜售时，通过交易中心把实物质押给交收基地，再通过交易所实现银行融资，用融资来的资金进行实物电子盘的交易，待实物电子盘的价格与当时质押实物价格相当时，再通过交易所挂单卖出实物，实现电子交易及实物交收的双重效益。通过这种稀土证券化的电子交易，该交易中心年交易额将有望达到200亿～300亿元的规模，能有效地解决目前国内部分稀土氧化物过剩的难题。

现国内已经投入前期运营的稀交所有南交所、赣州稀有金属交易所（赣稀所）、包稀所、渤商所及泛亚交易所。其中包稀所、赣稀所都是由政府牵头稀土行业巨头参与建立的，而南交所则是在政府支持下建立的。南交所是最先抢占国内稀土行业交易平台制高点的交易所，其上线品种数量也居业内首位。包稀所以及赣稀所则面临同样的问题，如行业期待程度高、关注度高、参与度低，笔者认为造成这种情况的原因是稀土行业从业人员习惯传统交易模式，交易理念相对落后，对包稀所的信任度也较低。

南交所是第三方交易平台，在公平、公正、公开方面有保证，最主要的是南交所有不少电子商品交易的行内人，对电商理念的理解较深入。电商的核心理念是压缩交易成本、减少交易过程和环节，使交易方便简洁，在该理念的指导下，南交所每天的交易总额从不到500万元提高至8 000万元左右，交易量和市场参与度都得到很大的提升。

包稀所和赣稀所开业以来的总成交量只有30.5吨，总成交额也只有1 676万元，而南交所一天成交量在80吨左右，成交金额8 000万元，在旺季时甚至达到1亿元，这对稀土这个小产业来说还是比较可观的成交量。这些数据说明南交所比包稀所、赣稀所、渤商所、泛亚交易所在稀土交易平台上走得更快。2014年南交所大力推广稀土现货交易，交割仓库也已增加，各稀土省份增设营业部，使稀土交易平台建设更成熟。现有稀土交易所终究是个电子商务交易平台，所以应采用电商理念来运营，而其最核心的理念用大白话来说就是让客户不花钱就能找到市场中最便宜的货。

那么稀土产品证券化到底能走多远？我们先看一则财经信息：京东商城于2014年5月18日在美国纳斯达克挂牌上市，尽管2014年首季亏损35亿元人民币，但是京东上市还是迎来了250亿美元的股票市值，无疑再次证明了互联网经济的繁荣。再来看两个能折射出稀土产品证券化的天花板到底在哪里的数据：中国拥有近9亿网民，同时每年销售大约6亿部智能手机。如果投资者因教育而逐渐对稀土投资感兴趣，也就意味着将有几亿个移动投资端口可能进入交易系统。

互联网最好的时代已经来临，稀土证券化交易也进入政通人和的大好时候，可以预见的是一场因稀土产品实物交易而衍生的稀土证券化交易盛宴已经开场，它将成就稀土产业新的贵族。

二、积极组织参观考察获业内认可

南交所稀土产品交易中心开业一年以来，通过积极向各级政府部门主动汇报项目进展情况及积极走访中国稀土行业协会、中国稀土学会、清华大学、中科院等行业意见领袖，同时积极拜访行业内"5+1"稀土集团、盛和资源、海通证券等业内相关机构，探讨及修正项目进展过程中的方向及策略，并且多次组织不同团体及机构前往稀土产品交易中心考察指导，获得了专家学者、业内人士及投资者的认可。通过近一年的线上线下的全方位征战，南交所稀土产品交易中心杀出了一条崭新的民间稀土证券化之路，其灵活的机制以及高瞻远瞩的市场定位让它在稀土金融投资业先行一步。

2014年5月15日，中国科学院院士、中国科学院物理研究所研究员、磁物理学家王鼎盛院士，中国战略管理与研究会（简称中战会）崔中教授一行带队考察了平远稀土产业，同行的还有中国电子信息产业发展研究院党委书记宋显珠先生，中国兵装集团总经理助理、天威集团副董事长丁强先生，北京中科三环高技术股份有限公司董事、博士研究员胡伯平先生，中天恒投资管理有限公司总经理李海林先生。

考察团充分肯定了平远县在稀土产业链上"三个中心"——南交所稀土产品交易中心、广东省稀土新材料研发中心、广东省稀土产品质量检验检测中心的布局。南交所稀土产品交易中心的成立已经对平远县把稀土产业链做强做大起到筑巢引凤的作用，它给平远县带来的不仅仅是稀土金融业的定价服务，更是一个地区整条产业链的聚合。

2014年6月13日，全国稀土催化协作网理事长、中国稀土学会常务理事、中国稀土学会催化专业委员会主任、清华大学材料科学与工程系教授、博士生导师翁端，清华大学原教务处处长、清华大学深圳研究生院首任院长吴敏生教授以及清华大学深圳研究生院院长康飞宇一行人考察了梅州稀土行业。

在考察期间，翁教授对南交所稀土产品交易中心的证券化稀土产品以及交易所所采用的互联网金融模式给予了高度赞扬，认为该交易平台的机制及市场定位是走在国内前列的，其平民化、证券化、常态化模式的推动不仅稳定了稀土价格的预期，平抑了稀土的价格波动，还促成了金融资本与产业需求的对接，让金融资本成为一池活水，更好地浇灌稀土实体之树。

翁教授还指出："平远县拥有丰富的稀土资源，其稀土具有类型多、配份好、品位高、易开采的特点，且已经形成了开采、加工、分离再生、定价服务等比较完备的产业链。"

此外，经过南交所稀土产品交易中心及其实物交收基地的助力推广，稀土新材料或将成为平远县最有前景的产业。

然而，珍贵的稀土不仅没有给中国换来可观的财富及国际社会的定价权，反而不断引来各种猜忌和风波。最近所谓中国停止向日本出口稀土的传言甚嚣尘上，而钓鱼岛事件当中船长詹其雄被放还，又被西方某些媒体解读为稀土是导致日本屈服的王牌。中国在挟稀土操纵国际市场吗？中国是想通过证券化模式来打造"美元挂钩黄金、欧元挂钩白银、人民币挂钩稀土"三足鼎立的定价机制吗？

　　种种的揣测让西方找到了散布"中国垄断稀土"言论的机会，他们抱怨连连，担心成为中国的"稀土乞丐"，担心他们的F-22战斗机飞不起来，担心导弹无法发射，担心手机、电脑无法使用，担心因此引发所谓的产业海啸。那么这种种的担心背后又隐藏着什么企图？而我国调整稀土产业政策又牵动了谁的神经？中国的稀土到底由谁来做主？

　　2014年是稀土证券化的元年，在这一年中，国家对稀土行业的战略调控目标也逐渐清晰，实行稀土行业组建"5+1"大稀土集团战略，同时将稀土综合回收利用项目计划纳入稀土指标管控，最后积极引导稀土类企业向深加工等产业链延伸，在如此"四大措施"综合治理及引导下，中国的稀土行业迎来了理性发展的曙光。

　　在这样的产业环境下，南交所稀土产品交易中心率先举办"2015年稀土前瞻会"，给稀土产业的健康发展注入了一股正能量。在前瞻会上，四位行业内（分别来自清华大学材料学院、中国科学院长春应用化学研究所、中国五矿集团公司、南交所稀土产品交易中心）的专家分别做了精彩的专题报告："稀土多产业运用技术前瞻报告""稀土发光新材料技术前瞻报告""21世纪稀土绿色环保探采技术前瞻报告""稀土产品证券化投资项目前瞻报告"。中国稀土行业在未来将面临怎样的变化？我们已经失去了黄金、白银以及石油的国际定价权，现在是否能夺回稀土的国际定价权呢？

三、夯实内部管理基础，完善外部推广工具箱

凡事预则立，不预则废。稀土证券化业务从开始摸索到定位推广，再到目前基本普及稀土证券化的概念，我们的团队付出非常多。整个团队按照专业工作及要求分为商务拓展部、交易管理部、资讯管理部、财务审核部、风控管理部。其中，商务拓展部负责全国交易类营业厅的合作伙伴招募及推广，包括16个交易品种的实物交收合作商的拓展；交易管理部负责各地营业厅交易会员的交易量及佣金的结算以及交易类会员工作人员日常技术的培训；资讯管理部负责国内媒介、合作推广伙伴、自媒体的营运管理；风控管理部负责实物库存的入库、质押融资、客户资金托管；财务审核部负责公司实物交收、电子交易结算等。

在内部日常管理制度逐渐完善后，我们开始按计划完善推广"工具箱"，具体包括稀土证券化专题片、项目宣传画册、公司内部刊物、活动专题纪录片、公司网站、微信认证公众号等一系列的推广工具。最终的目的是能有相应的材料对外部需要联合的机构进

行辅导、宣传，对不同客户使用不同类型的推广工具。一年下来，凡是接触过我们项目的机构不管是否达成合作，都对稀土证券化项目印象良好，也对一年来我们取得的成就刮目相看。

第四节　主动出击，拥抱互联网
大客户数据的导入

一、联手网易邮箱，尝试导入互联网海量用户

2014年10月，根据用户及市场的积极反应，同时也为了快速地对接日益繁荣的互联网金融市场，南交所克服了多种硬件服务上的大数据运算瓶颈，升级了总部服务器的软件，同时拿出一套对接互联网行业巨头的业务合作模式，积极向国内著名的互联网巨头进行业务合作推介。

我们是这样分析与互联网巨头合作空间的：首先我们拥有完善的证券化交易体系及庞大的实物交收基地，同时在白银及16个稀土产品的国内交易同业平台中，我们的优势非常明显；我们目前是行业内唯一实现证券化实时交易的投资平台，其他交易所未能马上跟进；其次，我们已经有一个运行稳定的APP用户端，同时已经通过苹果官方官网认证，可以为互联网海量的用户提供便

捷的端口。

　　百度、阿里、腾讯、网易、新浪、搜狐这些互联网巨头最大的优势就是拥有极为庞大的活跃客户数量，分析这些网络巨头的盈利模式后，我们选择了网易作为首家互联网合作伙伴。因为根据纳斯达克交易所公开的资料显示，网易在第三方业务合作中的模式非常成功，2014年其全年营收超过百亿元人民币，年度利润总额达70亿元人民币左右，是一家业绩优秀的互联网领军企业，非常符合我们的合作标准。于是，经过几轮接洽，南交所与网易很快达成了合作协议，南交所负责交易系统的维护及数据交割，网易根据南交所交易系统特点独立开发"网易贵金属"APP，通过网易认证邮箱客户进行大数据导入，认证客户凭网易邮箱识别号无须开户就可以直接登录"网易贵金属"界面进行稀土及白银等22个挂牌交易品种的投资，由此成功实现了双赢的业务合作开发模式。2015年1月20日，"网易贵金属"频道正式测试运营，截至2015年3月3日，"网易贵金属"同时开户在线人数达到4.2万人，也就意味着"网易贵金属"已经开户且随时可以进入交易的人数达到4.2万人以上。如果每户平均存入100元保证金的话，杠杆10倍放大，4.2万人1天以50%的仓位完成一次交易即可实现日均一亿元的交易量，而此时的用户（开户数）才刚刚启动不到30天（含春节假期），如此庞大的未来数据让我们惊喜万分，这就是我们想要的稀土证券化与互联网完美对接的宏伟目标！

二、全面触网导入海量用户，静待互联网金融交易大爆发

和网易的成功合作让我们正式开启了与互联网巨头的积极合作新纪元。新浪微博客户、搜狐视频客户、腾讯微信客户、小米手机客户、中国联通、中国电信、中国移动等都成为我们接下来合作的"大数据客户"，合作的方式也锁定为"预制合作方式"及"联合导入方式"。预制合作方式针对智能手机开发商及生产商，例如电讯三巨头（中国移动、中国联通、中国电信）及小米手机、OPPO手机等，在手机软件中预先导入APP软件，让消费者在完成SIM卡手机注册时就相当于完成了开户及账户捆绑。这个大数据预计数量在6亿人次。

上述的联合导入方式适合于腾讯微信、网易邮箱、搜狐视频、新浪微博、百度等互联网巨头。这种方式是根据互联网忠实用户的喜好定制一个独立的APP进行导入，简化开户注册的流程，以互联网忠实客户的后台注册帐户作为交易账户的指定结算及保证账户，完成大数据的有效配对及业务合作，最后达成互联网应用商、互联网用户、交易所三方共需共赢的良好合作局面。

这个合作模式的开辟，为稀土证券化的大规模落实提供了一个良好的开局，我们静待互联网金融交易的大爆发。

第五章

他们曾这样夺取资源定价权

第一节　美国华尔街，代表美国的金融猎手

2014年，中国已经成为全球第二大经济体，并且由于人口数量全球第一，人口红利所带来的GDP爆发式增长已经逐渐影响到世界经济格局。但是，美国始终作为全球经济格局的主导者，一次又一次的通过货币战争、资源战争等方式对全球区域经济进行掠夺及侵蚀。在因2008年美国房地产次级债引发的全球金融海啸刚刚消退后，2013年美国华尔街对中资概念股的恶意做空导致诸多中资概念股股价跌破净值，而美国政府量化宽松货币政策，刻意让美元贬值、人民币快速升值，导致中资企业外贸萧条。2014年下半年，美国华尔街趁中国国内实体经济疲软而做空全球有色金属及原油价格，导致中国实体经济雪上加霜……

种种迹象表明，目前在世界上唯一能通过金融手段影响国际经济的只有美国，而华尔街就是美国的金融猎手。人类的发展史，就是对资源开发和利用的历史，控制战略资源，是国家之间斗争的重

要方式。美国前国务卿基辛格博士就曾说过："如果你控制了石油，你就控制了所有国家；如果你控制了粮食，你就控制了所有人；如果你控制了货币，你就控制了整个世界。" 这是强权政治的脸谱，也是金融寡头们的座右铭。

华尔街是纽约市曼哈顿区南部从百老汇路延伸到东河的一条大街道的名字，全长仅503.10米，宽仅11米，是英文"墙街"的音译，著名的纽约证券交易所也在这里，至今仍是几个主要交易所的总部：如纳斯达克、美国证券交易所、纽约期货交易所等。"华尔街"一词现已超越这条街道本身，而成为附近区域的代称，亦可指对整个美国经济具有影响力的金融市场和金融机构。

如果把华尔街比喻成代表美国政府的金融猎手，那么美国纽约证券交易所（New York Stock Exchange，以下简称NYSE）就是那些金融猎手的大本营。因为这里是全球上市公司总市值第一、IPO数量第一的交易所，截至2014年12月31日，超过2800间公司在此上市，总市值高达15万亿美元，中国国内企业在美国上市的接近200家。美国就是在这里导演了一次次的全球"能源战争""货币战争""产业战争"。美国依托其强悍的政治力量，利用庞大的金融体量，结合多样化的金融手段及娴熟的操作手法，如飓风般横扫世界，影响及左右着全球经济的发展。

进入21世纪以来，人类对资源的依赖程度日益增强。历史和现实告诉我们，资源与世界政治、经济、军事和外交的关系十分密切。作为国家战略资源，石油、稀土等领域的竞争已远远超出一般商业范畴且日趋激烈。

一、石油、粮食、稀土，你到底能控制啥？

美国《华盛顿邮报》和日本《朝日新闻》曾同时向大众提了个问题：这个世界是谁的？

由于命题太过宏大，而且事关全球范围的和谐以及宗教信仰，答案自然也是五花八门。从总统、总理到联合国秘书长甚至上帝都在备选行列。而事实却证明：谁掌控了资源，世界就是谁的！资源包括：石油、粮食、黄金、白银、稀土等。中东世界尽管由于石油资源的纷争而局势跌宕，但依然挡不住阿拉伯联合酋长国继续靠石油获得惊人的财富；而中国因为稀土资源的管控却引来国际世贸组织的集体诉讼，这就是资源的国际影响力的区别。

伴随着国际货币战争及国际货币竞争概念的持续展开，诸多国家开始通过金融手段及货币手段来平衡或者刺激本国的经济，并以此来应对世界经济的格局变化：美国及日本似乎对印发钞票来刺激及挽救本国经济衰退乐此不疲，海量的国际货币在世界飞舞，而一些发展中国家却因此深受其害。泰国货币泰铢、中国香港特区的货币港币及澳大利亚的货币澳元都受到过不同程度"惊天大阴谋"的攻击，这些国际事件的背后依然凸显了资源定价权的重要性。黄金定价权一直被美国政府控制，作为黄金最大零售消费国的中国及印度就因此被黄金及美元之间的对冲游戏弄得疲以应对。

　　尽管有些危言耸听，但掩卷而思，我们仍也不免有这样的困惑：世界格局果然被金融寡头操控吗？人类的财富是如何被一小撮人攫取在手中的？货币与政治之间究竟是何种关系？金融产品是个地地道道的阴谋吗？

　　事实上，在我们生存的地球上，的确有一种叫做"金融寡头"的生物：他们依靠垄断发迹并保持长盛不衰，他们用诡异的手法操纵全球的资本。巴菲特、索罗斯、罗杰斯等华尔街大亨都被全世界定位为"金融大鳄"，他们为财富和国家的关系重新定义，他们将政治与货币玩转于股掌之间，他们主导着世界经济乃至格局的改变，他们通过金融工具及娴熟的运作手法拉高美元汇率、刻意抛售黄金、沽空中资股票等，让不见硝烟的金融战场血肉模糊……

　　更为可怕的是，金融寡头们不但在经济领域拥有绝对的统治地位，在政治生活中也无时无刻地影响着我们，这些寡头们包括了罗斯柴尔德家族、洛克菲勒财团、摩根财团、三菱财团、花旗集团、高盛投资银行以及索罗斯等。他们利用手中控制的产业资源、寡头市场影响政治甚至不惜发动战争，并进行商业并购、制造能源危机等，深深地影响了每个国家一代又一代人的社会生活。

　　要知道，金融过程的作用是提高资源配置的效率，其本身不创造价值。而百年不遇的金融危机之后，金融安全上升到国家根本利益的高度，我们不应忽略。在我们失去了石油、黄金、白银及许多有色金属的国际话语权后，我们就失去了诸多应对全球金融危机的法宝。

二、2014年有色金属价格暴跌，剧情堪称"血雨腥风"

多年以后，当我们谈论起能源史时，2014年11月27日的OPEC会议将是一个无法回避的标志性事件。正是由于会议没能达成减产协议，国际原油上演了历史罕见的暴跌剧情，震惊全球。截至2015年2月28日，原油每桶最低价位已经跌破50美元，几乎腰斩！

自2014年7月国际原油价格开始断崖式下跌以来，"商品之王"屡屡掀起资本市场的"血雨腥风"。但油价暴跌不是结束，而只是蝴蝶效应的开始。有色金属中的铜、铅、锌、黄金、白银等期货价格开始直跌不止，半年下来，价格几乎下跌40%以上，全球期货及现货市场一片哀鸿。

这一轮有色金属价格血雨腥风的背后暗藏的实质就是以美国为首的金融大鳄们嗅到了全球经济疲软的信息，特别是在发展中国家经济增长放缓的国际大背景下。他们通过其掌握的交易及定价平台，大量地抛售这些大宗商品，加上实体经济实际供应过大及去库存周期长，导致其通过做空期货市场大量获利，而损失的大部分都是发展中国家，中国的企业也不能独善其身，颇受其害。业内资深人士预测，在非金融危机背景下，消费增长国增长放缓周期，与产出供应释放周期，两个周期形成叠加，国际做空力量不可小视，我们要严防死守。

1. 原油价格暴跌悲剧下的财富故事汇

"油价下跌，我们出租车司机感受是最明显的，以前加满一箱油要400~500元，现在只要350元左右，跑一天活能多落下30元左右，挺好的。"出租车司机陈师傅笑着对中央电视台的采访记者说。伴随国际油价的大跌，国内成品油历史性兑现"八连跌"，各地零售市场价重回"6时代"，国内汽、柴油零售价格跌至4年半以来的最低价，这让出租车司机及私家车主们节省了不少驾驶成本。百姓看到的是蝇头小利，而中国国家能源储备局正在遭受的是每月原油跌破约定采购价而越卖越亏的尴尬局面。

国际期货市场因为原油暴跌每天都上演着惊心动魄的财富故事汇。2014年7月以来，国际油价出现断崖式下跌，布伦特原油和WTI（West Texas Intermedliate，即美国西德克萨斯轻质原油，是北美地区较为通用的一类原油。）期货至今跌幅达37%。尤其在2014年6月第四周，在OPEC周四宣布产量决定后，周五WTI期货迅速跌破每桶70美元关口，暴跌10.45%，收报每桶65.99美元，创下2009年7月22日以来最低收盘价。

"原油濒临60美元/桶大关，成交放量，估计期权市场博弈一触即发，波动率堪比2008年。交易领域中将发生悲剧性事件，并进一步加大价格的波动。"市场人士陈先生评论道。

2014年上半年，能源市场深受史上鲜见波动率低迷之苦。低波动率降低了商业公司套期保值的需求，并意味着交易者在进行下一次交易之前，需要更长的时间来等待市场价格出现变动，从而导致每日出现较低的交易量。

原油价格的暴跌点燃了期权火爆行情。自2014年6月末以来，原油价格一直下跌并在10月加快了下跌速率，美国"电子交易"原油期权的交易量自10月出现激增，原油期权波动率从15%跃升至30%。

法国巴黎银行（BNP Paribas SA）驻伦敦股市兼大宗商品衍生品策略师安托万·波尔舍雷（Antoine Porcheret）表示，石油生产商一直在下跌的油价中进行套利保值。交易员已在他所认为的关键技术支撑位——布伦特原油为每桶90美元，WTI为每桶85美元的价格下方做空波动率。

婆尔舍雷表示，短期合约方面，在目前的水平上不会有什么变化。不论OPEC是否减产，会议后近月期货波动率下跌的可能性很大。

而期货市场上"一将功成万骨枯"的多空博弈更为激烈，在无数空头挣得盆满钵溢的同时，无数多头的交易正泣血成文。2011年至2014年上半年，WTI期货价格始终在100美元/桶附近横盘震荡，且每每在跌破100美元/桶后便迅速回升，这给多头造成100美元关口是油价"底部"的错觉。2014年5月底6月初，WTI期货净多头头寸规模创下历史新高。

当时的交易员持仓报告显示，大型投机者积累了超过41万张净多头合约，小型投机者净多头头寸也增加了1.9万张。商品策略师、经纪人卡利·卡纳（Carley Garner）表示，这是CFTC（美国商品期货交易委员会）有记录以来投资者在原油市场持有净多头头寸规模最大的一年。在以往历史纪录中，20万张都是高水平。这些净多头头寸都在原油价格中枢不断下移过程中灰飞烟灭，成为空头庆功狂欢的战利品。

同样的事情仍然在上演，据CFTC最新统计，截至2014年11月11日当周，纽约商品交易所原油期货中持仓量1 509 371手，比前一周增加10 635手。大型投机商在纽约商品交易所原油期货中持有净多头276 832手，比前一周增加8 300手。其中持有多头442 119手，比前一周增加6 470手；持有空头165 287手，比前一周减少1 830手。

"现阶段全球原油市场仍有可用库容，但持续的供应盈余一旦填满岸上库容和浮动储罐，就没有多余的地方可供存储，只有停止开采。这种情况下，价格将会跌到生产成本——60美元/桶之下。"国泰君安期货资深分析师董丹丹指出。

一份最新的美国参议院常务调查附属委员会《关于华尔街银行参与实物大宗商品交易的报告》显示，摩根士丹利2010年最多时持有1 230万桶原油库存，价值约9.79亿美元。

该报告称，"2014年9月到10月，原油价格累计下跌了20%，从每桶约100美元跌到80美元，一下子压低了以美元计价的实物大宗商品库存价值。"据统计，经历了近期油价暴跌的情况之后，摩根士丹利有1 230万桶的原油库存价值缩水超过4亿美元。

当然，交易领域的悲剧将不仅局限于原油市场，油价的下跌同样会拖累其他商品，这是多空博弈的后果。法国兴业银行的分析师迈克尔·黑格（Michael Haigh）在一份电邮报告中称，如果原油价格果真如预期那样持续下跌，那么金价在之后的三个月内将有5%的跌幅，而棉花价格则可能在一年内下跌6.8%，煤炭价格可能下跌约3%。

2. 原油价格暴跌导致世界500强重新排序

"由供应力量主动驱动的油灾与股市不存在正相关，这反而是产油国对用油国经济的补贴。因价格的下跌而直接受益的是航空业、物流业及汽车产业，这无形中为国内大型能耗企业减少了上万亿美元的年度花费，相当于一次大减税，世界500强重新排序是必然。"市场人士陈先生评论道。

"如果油价长期走低，可能打击以液体为侧重的页岩能源开采，相应地引发页岩气价格下跌。页岩气占北美天然气总产量的很大一部分，如果美国页岩气供应减少，可能给多数地区的天然气价格带来上涨压力，促使电力公司恢复使用煤炭发电，从而使煤炭矿商受益。"惠誉国际信用评级有限公司表示。

惠誉国际信用评级有限公司认为，在美国经营化学裂解装置的石化企业可能受到的冲击最大。目前这些企业是受益的，他们有北美充足的低成本轻质原料，却按照全球最高的边际生产成本为产品定价。美国页岩油产量下滑可能导致原料成本上升，令石化企业利润率下降。

原油价格下跌对钢铁生产企业的影响可能更加复杂。天然气价格上涨，将增加钢材的生产成本，而开采活动减少则会降低石油产业对管道等钢材产品的需求。不过由于汽油价格长期来看处于下跌走势，对体积更大汽车的需求可能增加（汽车业占全球钢铁需求的12%），这可能会抵消石油产业需求下降的影响。

事实上不必预见，能源领域的并购已经悄然兴起。世界第二大石油服务公司哈里伯顿和世界第三大石油服务公司贝克休斯于当地时间2014年11月17日对外宣布联姻，一举成为全球油服巨头，收购耗资348亿美元。2015年3月，中国国内也正在传出中石油及中石化两个巨头合并的消息，当然，几时开始、是否确定还是个未知数，但是可以预见的是一旦启动合并，世界版图上的石油、石化企业规模排名必将再次改写！

而早在2008年世界性金融危机持续发酵之际，油价就经历了一轮过山车，当年中国就掀起了一轮能源行业的并购潮。根据清科集团对中国并购市场的最新研究显示，截至2008年12月31日，中国TMT（数字新媒体产业）、生技/健康和能源三个产业在研究范围内的并购事件总数达128起，其中2008年TMT行业并购金额达202.32亿美元，能源行业的并购金额则达到了78.17亿美元，当时均达到各自历史最高水平。就能源行业而言，一方面是国内大型能源企业间的重组整合；另一方面是国内企业收购国煤炭、石油等领域的资源。这两方面的动力使2008年我国能源行业的并购金额达到了历史峰值。长远来看，能源领域还将会是国内企业进行海外收购的重点领域。

诚然，目前全球油价暴跌再次给中国企业出海并购带来良机。中国石油大学中国能源战略研究院助理研究员刘乾近期表示，在国际油价寻找再平衡的过程中，国际石油公司、油服公司也在调整战略，以实现资本效益最大化，因此国际市场上会出现各种并购、资产剥离或出售、优化交易比较活跃的情况。"据我了解，不少国内民企在寻找对俄罗斯、中亚、非洲、中东、北美、南美地区新的交易的可能性，包括上、中、下游企业。"刘乾说道。

在石油暴跌，国际经济趋冷的环境下，2014年5月21日，习近平在亚信峰会上做主旨发言时指出：中国将同各国一道，加快推进"丝绸之路经济带"和"21世纪海上丝绸之路"建设，尽早启动亚洲基础设施投资银行建设，更加深入参与区域合作进程，推动亚洲发展和安全相互促进、相得益彰。这一举措势必给中国带来前所未有的发展及国际机遇！

3.原油暴跌导致可能触发多诺米骨牌效应般的新货币战

长久以来，很多人只知道美国页岩油技术取得了突破，不知道政治因素对此的重要影响。页岩油的技术根本不是什么新技术，如果不是美国的相关环境保护法案网开一面，美国境内根本就不会有如雨后春笋般冒出的无数中、小油企。美国大石油商操控美国政治近百年了，压制国内油企是他们一直以来所做的。之所以不再压制国内原油开采，是因为他们已经看到新能源的曙光了。正如美国一位能源研究者所说的，页岩油只是个桥梁，充其量还能开采10年，但这个时间已足以让人类过渡到新能源上来了。国际原油储量够开采百年，但大规模需求可能只是最近10年的事。这时候还不开采，等于你要把一个价值连城的财富雪藏，白白地浪费掉。美国政治上以修改法案开路，经济上以大发垃圾债支持，才有突然而至的无数石油开采商和海量原油供给。

所以才会有近日油价雪崩倒过来冲击美国中、小油企的垃圾债，并连带冲击到美国道琼斯的情况。很显然，不是美国一家才明白过来，所有的石油输出国包括沙特阿拉伯都已经看到，他们埋在地底下曾被视为"液态黑金"的石油矿藏，随着新能源时代的到来，将会变得非常普通，奇货可居的时代就要终结了。这才是原油价格越跌越不减产，越不减产越跌的最深层原因。

阿联酋能源部长说了，就算油价跌到40美元，他们也不减产。这就对了，你现在还能卖40美元，10年后你可能只能卖14美元了。

不排除短期内美国国内中、小油企停产给对冲基金一个短线做多的题材，毕竟油价这一口气跌了半年而且直接腰斩，有超跌反弹的需要，而美国的黑石公司已经开始建立多单了。但长期来看，原油价格越来越便宜的大趋势已不可逆转。

在触发了全球石油资源价格战的局面下，各个经济大国都难逃一战，面对这一尚未结束的竞争，谁是赢家，谁又是输家？

"从长期来看，进口原油多的国家就是赢家，出口原油多的国家就是输家。短期来看，油价暴跌影响的逻辑比较清晰。"厦门大学中国能源经济研究中心主任林伯强教授表示，美国、中国和日本等国家在油价下跌中获益，而俄罗斯及OPEC面临较大损失。

不过，油价暴跌的颠覆性远不止于此，一场延展至货币领域的竞赛已悄然拉开序幕。"OPEC决议及原油暴跌是飞向2015年的第一只'天鹅事件'，甚至有些悲观的期货投资者认为原油的价格有可能跌破每桶40美元。"资金流量指标（Money Flow Index，以下简称MFI。该指标可以用于测度交易量的动量和投资兴趣，可以帮助判断股票价格变化的趋势）金融研究表示，原油价格暴跌，显著地加剧了全球的通缩风险，货币政策对通胀的边际效用进一步降低。

对原油主产国而言，油价暴跌对本国货币的打击立竿见影。就在OPEC会议结束后的第二天，俄罗斯卢布暴跌，卢布兑美元汇率盘中下跌了3.5%。自2014年6月中旬以来，俄罗斯卢布贬值超过30%。据俄财长透露，因为油价暴跌，俄罗斯每年损失900亿~1 000亿美元。

此外，委内瑞拉也难逃冲击。这个原油收入本应占美元收入96%的国家，由于油价暴跌，外汇储备已降至近十一年的最低值。其削减预算迫在眉睫，国内资本市场动荡也在所难免。

变革的苗头已经出现，那就是"石油美元"的罕见逆流。法国巴黎银行新近研究发现，油价走低正迫使产油国将其持有的"石油美元"撤出全球资本市场。这标志着"石油美元"在十八年来首次出现逆流，其全球流动性将因此降低。

数据显示，2014年产油国实际进口资本为76亿美元，与2012年出口资本2 480亿美元和2013年出口资本600亿美元相比，"石油美元"逆转形势不言而喻，其全球流动性以及随之而来的信贷评级问题都可能浮出水面。

面对全球流动性重构，各国都难以置身事外，这在各央行的"躁动不安"中即可见端倪。日本是率先开始进行货币政策应对的国家之一。2014年10月31日，日本央行突然决定将超宽松货币政策规模进一步扩大至每年购买80万亿日元金融资产，"日本央行将持续实施QQE直到实现2%通胀目标。""油价下跌使日本央行提振通胀的难度进一步加强，可能不得不选择进一步扩大宽松的政策。"三井住友资产管理公司经济学家分析称。

在欧洲，由于油价走低，欧元区也面临较大的压力。数据显示，欧元区2014年11月消费者物价指数增长0.3%，较10月的0.4%再度出现下滑。

瑞银集团分析，欧元区CPI长时间处于低位，令市场认为通胀预期正在失去锚定，这将迫使欧洲央行采取行动。法国兴业银行表示，欧洲央行未来购买欧元区主权债券的可能性越来越高。

英镑同样不能幸免于下挫的命运。正如巴克莱资本所说，在11月通胀报告中，英国央行大幅下调通胀预期，这显示其不急于收紧货币政策。相应地，该行的经济学家已经推迟了升息时间预期，从2015年第一季度调至第三季度。

在我国，央行也开始"放水"。2014年11月21日，中国人民银行宣布，自2014年11月22日起下调金融机构人民币贷款和存款基准利率。在中金公司看来，为了避免国际油价大幅下跌对中国的冲击影响，货币政策放松空间或将放大。

"如果油价短期内能企稳反弹，能源版图可能依然如故；但如果油价长期下跌，蝴蝶效应可能出乎意料。"一位能源研究学者指出，历史正处在这个转折点，我们熟悉的规则和格局可能都将重新书写。

而上述说的蝴蝶效应，首当其冲的就是俄罗斯。卢布暴跌100%惨遭大洗劫，俄罗斯陷入巨大的经济危机。但是，这一轮的世界经济大战才刚刚开始，政治是不能救国的，唯独经济才能强国富民。而俄罗斯惨遭大洗劫源于以下原因：

普京打造"石油帝国"致使俄经济结构单一、脆弱，油价下跌导致卢布贬值并不令人意外。2008年1月至7月，半年内国际油价从140美元/桶跌至35美元/桶，直接导致卢布兑美元汇率超过50%。油价暴跌导致深度依赖能源出口的俄罗斯经济雪上加霜。企业利润被挤压，固定资产投资减少，财政收入锐减，政府支出大打折扣，这又势必会进一步恶化经济。彭博社预计，2014年俄罗斯经济增长率可能仅为0.3%，这将是2008年金融危机后俄罗斯经济表现最差的一年。俄罗斯糟糕的经济表现让穆迪、惠誉与标准普尔三大国际评级机构纷纷下调了俄罗斯主权债务的评级。出于恐慌，2014年俄罗斯净资本流出规模激增至1 250亿美元，导致卢布进一步贬值。

油价继续下跌，俄罗斯央行顶不住汇率暴跌、资本流出的压力，一周内恐慌地抛售43亿美元的黄金储备来兑换美元，向市场传递了紧张气氛，2014年12月12日卢布再次跌至历史新低。俄央行和当局政策失误不断造成卢布暴跌。俄罗斯错误预估2015年西方将松动制裁，油价维持100美元/桶，投入超过800亿美元外汇储备护盘卢布，结果全部打水漂，并未阻止卢布暴跌。

偌大的俄罗斯目前被美国的强势经济及华尔街金融大佬的金融工具逼近死角。美国只用了两招：联手欧盟国家向俄罗斯逼债，联手中东的阿联酋等国家拉低国际油价，就使俄罗斯喘息不安。俄罗斯已经进入了严冬，它还能撑多久？

三、石油与货币对国际话语权的影响

谁能控制石油价格及谁的货币在国际贸易结算中成为主流货币，谁就能主导世界，这几乎是世界各国明争暗斗的背后真相。2008年，国际石油价格犹如"过山车"般大起大落，背后动因仍然是石油、货币、权力三者之间相互影响、此消彼长的联动关系，只

不过这一次，摇摆不定的油价可能会让我们看到一个新的世界秩序的轮廓。

石油是一种稀缺的不可再生能源，是国家生存和发展不可或缺的战略资源。早在二战期间，石油就开始与美元联姻。布雷顿森林体系崩溃后，国际货币基金组织、世行以及美元（唯一的世界货币）作为国际货币体系的核心特征保留了下来。20世纪70年代，美国与世界上最大的产油国沙特阿拉伯达成一项协议，把美元作为石油的唯一定价货币。从那时起，美元与石油紧密挂钩，石油在国际市场上必须以美元计价和结算，只要美元在国际货币体系中的地位不动摇，美国就可以获得更大的权力和更多的财富。

控制石油资源和石油价格就可以控制其他能源需求大国的生存命脉，获得世界最大权力。OPEC对油价的调控是美国获得石油定价权的一大障碍。抢占中东石油，就可以获得石油定价权。因此，美国便以大规模杀伤性武器、民主制度为借口，出兵控制石油资源丰富的伊拉克。此外，从非洲西海岸到利比亚和苏丹，从哥伦比亚、委内瑞拉到俄罗斯和格鲁吉亚，美国四处伸手，试图控制地球上每一个现有和潜在的石油产地和运输路线，形成对大国命脉的控制。面对不可预期的石油供应短缺，中国和印度等新兴经济体不得不接受美国主导的世界秩序。

面对油价的跌宕起伏，OPEC的价格调控机制几乎失灵。主要原因在于，海湾地区没有形成全球金融中心，国际金融中心远在美国的华尔街，缺少金融地位就无法左右国际油价，决定当前国际油价的仍然是美国金融界。由于国际市场上的石油是以美元计价和结算的，任何想进行石油交易的国家必须要有足够的美元储备。外汇储备不足的发展中国家为了买油不得不向欧美银行借钱。

大量美元通过石油贸易流入产油国，成为"石油美元"，又因为美国拥有强大的经济实力和发达的资本市场，"石油美元"又回流变成美国的银行存款以及股票、国债等证券资产。美国政府采取量化宽松的货币政策，不停地向全世界投放美元，用美元在世界经济领域中的影响力变相地统治着世界。

为了防止美元恶性贬值蒸发国家财富，伊朗、俄罗斯等一些石油出口国开始重新审视用美元作为石油交易货币的政策，提出以"石油欧元"甚至"石油亚元"代替"石油美元"。不过目前还没有任何一种货币能与美元相抗衡，因此，石油与美元脱钩在当前还不太现实。但是，用欧元、日元或卢布进行石油交易结算将逐步打破现有国际石油体系的利益格局，重新分配财富和权力，从而对世界秩序产生深远的影响。

第二节 美元与黄金的那些事

中国正逐渐成为全球最大的黄金生产国及消费国，但是令国人感到悲哀的是，黄金的国际定价权属于美国，而我们国内强大的消费力被国际市场形容为"中国大妈"。据2015年1月8日国内新闻报道，2014年我国黄金产量超过450吨，不仅再创历史新高，而且正是连续第8年位居世界第一。据了解，2013年我国黄金产量为428吨，同比增长6.23%；2014年黄金产量虽然继续攀升，但增幅已经有所减弱，这与2014年国际黄金行情走软关系密切。2014年，中国黄金消费量为886.09吨，比2013年减少290.31吨，同比下降24.68%。其中：黄金首饰用金667.06吨，同比下降6.90%；金条用金155.13吨，同比下降58.71%；金币用金12.80吨，同比下降48.86%。

另据了解，上海黄金交易所2014年的黄金交易量达到1.85万吨，较2013年的1.16吨大幅增长了近60%。此外，上海期货交易所2014年黄金交易量也突破了4.77万吨。

但是，这一连串的数据不足以让国人感到振奋，因为，黄金的国际定价及操作都被美国政府掌控。

翻开美元与黄金的历史可以看到，二战以后，在美国的精心策划下，美元取代了黄金，成为世界清算货币，美联储变身为事实上的"世界央行"。美国为既得利益者，尽管持有世界第一的黄金储备，但美国始终高度警惕着黄金，尽一切所能地去操控影响黄金市场。

一、美国金融机构是如何操纵黄金价格的

20世纪70年代的亨特兄弟白银操纵案在投资界广为人知，他们因为操纵行为失败而被曝光在众人视线之中。事实上，在每一次经济周期循环中，如同亨特兄弟白银操纵案这样的坐庄行为不停地在各个市场发生着，如国际黄金市场。自20世纪70年代美元金汇兑本位崩溃之后，全球黄金市场开始走向市场化，各国央行再没有充足的理由大张旗鼓地来"保护"黄金。黄金既不是生活必需品，也没有像原油一样成为某个政治集团的经济命脉，所以黄金的市场化在各国央行撒手之后停滞不前。

各国央行自1999年以来净售出黄金5千吨，欧美发达国家对黄金的持有量逐渐减少，这些黄金被市场这只看不见的手转移到了其他地方，黄金市场的"庄家"也随之发生着改变。发展中国家的央行对黄金的兴趣虽然很高，但不可持续，因为想保证纸币的信用，各国央行必须首先要确信自己发行及控制纸币的能力，而不是以大量

存有黄金作为保证。

对于散户来说，每一次行情的波动都会出现买卖和交易行为。诸多投资者购买黄金的目的主要是为了获利，而实物黄金因其投资手续费及保管成本较高，慢慢被投资者"抛弃"，很多散户持有者在经历了几波行情震荡之后，很自然地会将实物黄金抛向市场，转而在账户黄金方面寻求投资获利。这些黄金最终会流向哪里呢？如果我们把时间轴再拉长一些，就会发现实物黄金的真正落脚点是一些专业的黄金投资基金以及投资银行等金融机构，而不是央行或散户。

也就是说，对黄金价格影响最大的黄金投资市场的主要拥有者和性质正在发生着重要转变。这个转变是非常清晰的。第一个阶段是各国黄金市场的开放，黄金从国家层面流向老百姓，但随着老百姓持有黄金的目的越来越明确（获利），对实物黄金的持有意愿越来越弱，慢慢地他们就会开始购买黄金基金、账户黄金、黄金期货/期权等；第二个阶段是实物黄金因融机构对黄金的回购业务流向专业黄金投资基金和投资银行等。目前我们经历的正是第二个阶段，实物黄金从老百姓手中流向基金和投资银行。

经统计，自20世纪80年代以来，美国总共三次打压黄金价格，一次在1984年打到了270美元一盎司，1999年、2001年打到了250美元一盎司。美国为什么打压金价？因为黄金是手段，美元是目的，只要美国政府想拉开美元价格的时候，就必定打压金价。美国政府通常会指令华尔街的公司进入黄金市场抛售，金价因此狂跌，黄金投资人受到了损失，他们就会离开黄金市场，转而进入美元市场购买美元，所以美元涨价。这就是过去这么多年来，黄金跟美元的价格走势总是相反的原因。

2008年11月以来，国际黄金价格走势一再超出市场预期——在背离了与通胀的正向关系后不久，又出现了罕见的与美元双双走高的局面。2008年11月20日，金价再次冲破了1000美元大关。金融危机肆虐之际，金价却一再被推高。2008年黄金价格一度回落，当时大宗商品价格都在下跌，美元则很配合地在升值。2008年前10个月金价一直在回调，从11月才开始上行，其中最大的主导与干扰因素是美国的战略应对与策略需求。美国压低金价、保持自我竞争优势是黄金价格被压制的重要原因。

2008年黄金价格10个月的回调应该和欧洲央行、IMF（国际货币基金组织）抛售黄金有关系。欧洲央行抛金基本上是5年一个规划，其主要是想通过兑现来刺激经济，因为欧元启动之后欧洲的经济形势一直不太好，年增长率一直低于3%，而启动之前都在3%以上。而IMF因财务状况不佳，也想通过抛金的计划兑现来维持财务的运营。这时候，美国就出来打压金价了。

汇率与黄金是美国政府干预世界经济的一双手！黄金、美元、汇率只是被操控的玩偶。欧洲抛金、美国购金都是国家战略，所不同的是，欧洲考虑的是解决现实的问题，而美国是想解决未来的问题，包括跟欧元的货币竞争以及美元霸权的维持。

2011年7月，纽约黄金价格开始"垂直"拉升，一个月之内每盎司上涨了126.2美元，涨幅达到8.39%。8月继续疯狂上涨，黄金价格一路连续突破1 700美元、1 800美元和1 900美元三个整数关口，最高涨幅达到19%。

黄金一路高歌猛进，连续上涨6周，在最疯狂的时候，一场过山车式的暴跌却开始了。2011年8月23日，爬上了山车顶的黄金价格突然调头，从1 913.7美元/盎司一路下跌，随后的两天内竟直奔1 700美元/盎司而去。2011年8月26日，恐慌过后，黄金在亚洲交易时展开反弹，重新挑战1 800美元关口。

本轮黄金的加速上涨与美联储宣布延长宽松货币政策到2013年有关，黄金的暴跌又与市场预期美联储QE3难产有关。

美国股市从2011年7月末开始持续暴跌，资本市场集中释放出投资者对美国经济二次探底和失业率居高不下的担心，这促使美联储宣布延长低利率政策到2013年，直接刺激了黄金30年来最疯狂的上涨。"8·23"黄金暴跌也与美联储有关，投资者预期美联储主席伯南克在8月26日央行年会不会推出第三轮量化宽松（QE3），因为美国刚刚公布的经济数据好于预期。这次黄金暴跌，大宗商品并没有出现明显上涨，这种负相关的关系并不存在，这也表明，黄金市场已经被大机构操纵。这正是国际金融机构利用廉价美元操纵黄金赚取波段收益的结果。这和当初高盛操纵石油市场一样，147美元的石油和1 900美元的黄金都是国际庄家操纵的结果。

2011年9月，美国就通过压低金价胁迫欧元贬值，体现强势美元的战略意图。短短数日，国际金价就让黄金投资者们玩了一把"过山车"，经历数百美元幅度的暴跌暴涨。如今，金融手段已经成为美国攻击各国经济的核弹头。

2011年，黄金价格在创出每盎司1 922.6美元历史高点后不久，国际金价急速变脸。以纽约黄金期货为例，2011年9月22日，纽约商品交易所（以下简称COMEX）黄金期货价格每盎司降至1 741.7美元，大跌3.7%。然而，这不过是黄金高台跳水的开始。9月23日，COMEX黄金期货价格再度暴跌5.85%，创五年来单日最大跌幅。9月26日，COMEX黄金期货再下一城，跌至每盎司1 594.8美元，下跌了2.74%，创下自7月21日以来的最低收盘价。9月27日，黄金期货又出乎市场预料，大幅反弹逾100美元至每盎司1 677美元。

2011年9月23日，芝加哥商业交易所（以下简称CME）宣布调高旗下黄金和白银期货交易保证金。该决定将继续推动金价下跌。但是CME此次提高保证金的理由并不充分，从全球最大的黄金上市交易基金ETF——道富财富黄金指数基金，属于交易型开放式指数基金（SPDR Gold Trust）的持仓来看，9月26日该ETF黄金持仓量较9月23日减少0.44%，并没有大幅减少。

美国根据国内的货币存量、就业指数、物价指数等多方面的指标反应来指定不同的货币政策，同时又用黄金、石油等定价权进行全球化的经济隐形掠夺。黄金上涨与避险需求息息相关，打压黄金会改变市场预期，如压低通货膨胀预期以及经济政策负面预期。值得关注的是，2011年9月26日是央行售金协议到期日，不排除部分欧洲协议签署国因赤字问题出售黄金或者抵押黄金，美国可能通过压低金价胁迫欧元贬值，体现强势美元的战略意图。

美国究竟如何实现对金价随心所欲地操控呢？首先，纽约市场的地位是其他任何一个国家的证券市场所不能比拟的。纽约定价全球黄金价格，形成一种循环：以中国为中心的周边地区股市早晨开盘后接的是纽约市场的盘，无论什么价格，而以中国为中心的周边地区股市自身的作用是有限的，除非当天亚洲市场或者欧美市场有特殊的突发事件使价格波动特别大，基本上它接盘后主要就是维稳。而欧洲开市后进行略微价格调整，之后美国市场的开盘完全是按照自我的价格需求来确定涨跌的方向。

为什么纽约市场可以做到呢？首先，纽约市场是美元报价体系，这是其他任何一个国家都没有的，给美国定价带来充足的空间。任何时候美国都可以通过发行货币的手段来刺激流动性。其次，美国金融机构的作用也不可忽视。美国的跨国公司辐射在世界各地，世界500强企业里面美国企业占了一半，全球1 000家大银行中美国银行占了1/3。这些跨国公司的力量是很大的。最后，美国市场上的金融产品是最全的，设计也是最高端的。美国常将金融衍生产品自行定价后卖到世界各国，以转嫁风险。

据2012年7月25日英国《每日电讯报》报道，英国前首相布朗的旧事印证了这个事实：在1999—2002年间，布朗做了一件极为蹊跷的事——以最高296美元/盎司的极低价把英国绝大多数的黄金储备给卖了。

事情的缘由是这样的：1999年高盛银行的大宗商品总裁加文·戴维斯（Gavyn Davies）找到英国财政部，说明包括自己在内的好几家大到不能倒的银行积累了十分巨大的黄金空头头寸，如果任由黄金价格攀升的话，这几家银行极有可能资不抵债，引发全球金融体系崩溃。布朗接下来就向全世界宣布要卖黄金储备，黄金价格应声下跌。一般情况下，大规模卖黄金储备时应该低调，以免纳税人的利益受到损失，布朗却不按常理出牌，结果当然是那些大到不能倒的银行在黄金空头上大发其财。

在黄金空头上，这些大银行和政府的利益是一致的，因为黄金价格是现代法定货币体系的阿喀琉斯之踵：法定货币是以信心为基础的，如果黄金价格攀升过快就预示着人们对货币的信心出现动摇，这样一来央行就很难控制流动性和通胀目标了。

大宗商品期货市场是个高度杠杆化的市场。过去21年的数据表明，在这个市场里只有黄金和白银在价格攀升时空头头寸敢于急剧扩张，好像他们不怕巨额亏损一样。只有央行的水才有这么深，可以源源不断地往空头仓位里加注，而且央行还可以把自己的黄金储备投入市场，既可作为空头合同的履约标的（一般情况下只有1%左右的黄金空头合约要求履行合同），也可以打压黄金价格以帮助维持空头仓位。

美国前财政部部长、著名经济学家萨默斯有一个著名的学术发现：在自由市场里黄金价格和真实利率是往反方向互动的。这说明了什么？黄金价格操纵是使利率控制更加有效的一个重要工具：在真实利率为负时，压抑黄金价格可以压抑货币贬值即通胀预期。关于操纵黄金价格，美联储前主席格林斯潘曾直言不讳："石油期货合同交易双方几乎没有能力控制全球石油供给，黄金期货合同也是同样的道理。黄金期货大多数是场外交易，在价格攀升时，中央银行要随时准备把越来越多的黄金储备借贷出去。"有了这样的中央银行，做黄金空头还有什么顾忌呢？大不了，美联储再把这些空头头寸作为有毒资产买走。

进入2014年，美国经济发展势头一片大好，美国政府又开始利用美元及黄金之间的跷跷板效应，大面积地抛售黄金，做空黄金，实现套利！形象地总结一下：美联储既要追求超级宽松的货币政策，又要最大程度上保持人们对美元的信心；大到不能倒的银行乐于得到超级宽松的货币政策，这样它们可以以超低的代价从美联储获得融资，从而进行大规模的套利交易。两者利益统一，黄金价格则必然成为牺牲品。

这次黄金泡沫的破灭同样是美国的金融机构有预谋的操作翻版。美国现在找到了新的投资领域——页岩气，页岩气进行产业化需要大量的资金，于是美国先捅破黄金及大宗商品的资产泡沫，再通过页岩气的开发吸引全世界的投资者参与页岩气的投资。如果全世界的投资者把资金都放在黄金等大宗商品上，页岩气能吸引的资金量就不够大，不能把页岩气炒热并开发成功。

二、美国如何做空黄金？

世界金融和产业的危机，最终都要产生信用危机。黄金的价格与信用是密切相关的，打压黄金的意义不仅仅在于黄金，更在于货币和货币背后的信用。黄金租赁是黄金清算体系的一个重要创新，通过不断地租赁，在市场上的黄金也可以流通和衍生，等于创造出了大量流通中的黄金，这对于美国具有重大的意义。黄金租赁业务是美联储等西方央行秘密调控黄金市场的手段，也是衍生黄金信用的手段，是全球信用博弈的手段。

在20世纪90年代，黄金租赁业务的推出，有效地打击了黄金价格。低廉的黄金价格和石油价格，对于急需外汇和国际货币硬通货的中国、南非等国家都带来了巨大困难。在黄金价格低迷、信用不足的情况下，这些国家就不得不贱卖资源或者贱卖核心资产，中国很多资源当年都被贱卖，现在却要高价买回来，西方在打压黄金的整个过程中得利颇丰。

如今黄金的信用就更关键，因为在世界危机发酵、战争冲突风险加剧的情况下，一旦全球发生冲突，全球一体化的金融体系就要崩溃，除美元以外的各国货币在国际上的信用都会降到冰点。黄金租赁就是世界信用博弈的工具和手段。

1. 利用黄金租赁占据信用制高点

如果美联储搞黄金租赁，则租赁给谁是问题的关键。

黄金租赁的权利不仅仅包括收取一点租金的权利，还包括了做空黄金的能力，这对于央行干预货币市场具有举足轻重的意义。因为当今世界的货币处于印钞发行的过程中，欧盟在推其货币稳定机制，美国在QE3、QE4，日本也在宽松，这些国家能够不断宽松的条件就是印钞以后标志性的商品不要涨价，要能够维持货币的信用。只要标志性的商品不涨价就能够有效抑制社会对于通胀的恐慌，就能不断地印钞下去。谁能够坚持到最后，坚持到其他国家印钞破局，谁就是胜利者。

衡量某种货币信用的标志性商品主要就是黄金和石油。美国已经通过页岩气的概念以及对于中东的控制有效地控制了油价，而欧洲则通过利比亚战争控制了利比亚的石油供应，因此石油价格是受控的，下面就需要让黄金价格也受控。由于历史货币的认同和便于储藏保管的特性，黄金比石油更具有天然和历史的优势。

如果要控制黄金，就要有做空黄金市场的筹码，央行直接打压会背上操纵市场的指责，但是央行采用黄金租赁则可神鬼不觉。黄金在金融危机的情况下越具有货币属性，其信用意义就越大。打压黄金市场价格实际就是控制货币信用，会影响到汇率等多个层面。各国对于黄金价格的打击都是以本国货币的方式进行的。

德国是欧元的主导者，最近德国要运回存在美联储的黄金，这从某种意义上来说关乎德国乃至欧元命运——如果市场出现问题，只要法兰克福能够有效做空黄金，社会就不会因此恐慌，否则社会就要持有黄金避险了。因此在希腊危机的情况下，希腊也是紧紧抓住黄金不放手的。

2. 德国逼宫美联储

如果美联储的大量储备黄金用于黄金租赁，那么美联储金库当中的黄金数量就有了大问题。德、法要求运回这些黄金，则是对于美联储的一次逼宫。美联储要收回租赁的黄金则会对市场造成巨大的波动，这是国际资本新一轮的信用博弈。

美联储虽然可能出租了黄金，但是笔者认为黄金被美联储出租到如此严重的空仓，以至法、德都表示来查看一下自己的黄金数量，这是不太可能发生的。因为德国人是无权全面审计其他国家的黄金的，美联储完全可以把仅有的黄金集中起来给德国央行查看。因此美国的黄金应当没有那么危急，不给德、法查看，不让德国运回黄金，应当还有更深层次的博弈需求，这个需求应当是与国际金融博弈有关的，这是博弈国家间的信用。黄金本身也是金融产品和货币，这里有美联储的权威性。如果德国因怀疑美国信用而查看的先例一开，世界各国都会仿效，美国的权威和霸权就不复存在了。

德国央行运回黄金，目的就是拿到持有黄金和黄金租赁的权利。在黄金可以租赁的情况下，即便名义上持有黄金，但如果黄金不在自己手上，差别也是巨大的。对于把黄金存在美联储的其他国家央行来说，就算美联储同意你租赁黄金，且美联储也没有把你的黄金透支租出，你要租赁黄金做空的珍贵信息起码也要泄露给美国，况且时效性也差，要到美联储办手续，不能立即进行操作，还要看美国的脸色；同时美国还可能在市场上利用对冲工具进行针对性的操作，尤其是当今欧元和美元在竞争地位的情况下。被美国拿住命脉是非常难受的，更何况黄金租赁给谁的选择权利是有利益输送的。因此德国急需掌握金融市场上的主动权，从美联储运回黄金，这是限制美联储黄金租赁可能性的手段；所谓的安全性考虑，笔者认为借口的可能性更多。

德国不仅仅从美国运回黄金，还要从法国运回黄金。法国和德国在欧盟当中的竞争关系也是很重要的，德国运回黄金，是要争夺在欧洲操控黄金、欧元价格的主导权，进而在欧洲各国的信用博弈当中占据主动位置。如果欧元与黄金的价格处于合理水平，欧元的信用就可以得到保障，欧盟就可以很好地实行量化宽松的货币政策，尤其是欧元可能摆脱欧洲五国的包袱。成立核心欧元区的时候更是如此，这是与美元信用竞争的重要筹码。如果世界进一步发生信用危机，谁持有黄金就非常关键，黄金的清算体系是对各国货币清算体系的一个替代，欧盟各国在发行欧元以后，外汇储备基本没有多少，有的就是黄金，如果欧元突然出现了危机，黄金储备还在美国手里，美国就有了主宰欧洲的决定权，这是欧洲人不愿意的。

对于美联储而言，能够存储全球的黄金，能够把全球的黄金清算体系拿到自己手里，是美元能够称霸全球的关键。因为如果全球还有一个独立于美联储之外的黄金清算体系，那么这个体系必定与美元是信用竞争的关系。黄金带有天然的良好信用，这对于不断印钞的美元就是噩梦。美元能够有现在的霸权是因为美国同时控制全球的黄金清算体系，而如果世界各国均将黄金从美联储运回，则美联储控制的全球黄金清算权就不复存在。世界的黄金存储的背后是美国承诺布雷顿森林体系，在国际市场上维持美元与黄金的比价。现在布雷顿森林体系已经破裂30多年，美国单方面让这个体系破裂是有违反当初协议的嫌疑的，因此各国想要拿回在美国的黄金储备也有一定的法理基础了。

因此德国要求运回黄金的行为，实际上是带头挑战美联储的黄金清算霸权，德国带头挑战，必然有后面的一系列想法而不单单是运黄金。在欧元发生危机的时候，欧盟建立自己的黄金清算体系作为危机临时解决方案是可能的选择。德国一直主张紧缩的货币政策，把黄金持有在自己手中，限制他国黄金租赁做空。德国这样的举动造成黄金的恐慌，会很好地支撑黄金的价格，打击做空者的信心，其对于市场信心的影响要大大高于真实的交易。在市场担忧美联储黄金存在大量亏空的时候，还敢大规模地做空黄金吗？在这里我们应当看到美国与欧洲以及德国的分歧。所以说，美联储只要控制了黄金，就占据了货币信用的制高点，就控制了大宗商品价格和世界金融。美国与全世界宽松货币，把黄金价格推到极高，然后租赁黄金给华尔街做空，导致美元升值，大宗商品崩盘，华尔街获得暴利，引爆中国经济。黄金暴跌后，美联储再购回黄金。

三、谁在操控黄金价格？

世界黄金协会的官方声明称，越来越多的证据表明，近期的黄金暴跌是投机者们在期货市场的操纵所致。

至于这次暴跌的"幕后黑手"，坊间认定的"头号嫌疑犯"是美林公司。美林公司是全球最大的证券公司之一。在2013年4月12日出现的1 000万盎司黄金抛售，市场传闻这卖单正是来自这家公司。

黄金2012年牛市落幕，金价从2011年高位至今跌去三成，符合熊市定义。

自2013年4月12日和15日国际金价两次暴跌后，抢购黄金的现象在中国四处上演，并且这绝非"中国特色"，购买黄金的热潮，同时席卷了日本、印度、迪拜，甚至欧美。

一边是暴跌，一边是抢购，黄金将走向何方？

1. "恐慌"抛售

集中抛售400吨黄金，只需10亿美元即可完成。罗斯·诺曼（Ross Norman）被认为是当今世界上最好的黄金价格分析师之一，其分析为多方所引用。他还原了2013年4月12日黄金暴跌的情形：

2013年4月12日，纽约黄金期货市场以1 560美元/盎司（约为313元人民币/克，此为成交最活跃的6月期黄金价格，下同）开盘，不久就出现了340万盎司（超过100吨）的6月交货的黄金期货合约抛售，一举将金价打压至1 540美元的点位。这被认为是2001年以来黄金长期牛市的确认点位，也是"支撑位"。

两小时后的30分钟内，高达1 000万盎司（超过300吨）的抛售涌现。总计超过400吨的抛售规模，大大超过了纽约黄金期货市场286.6吨的当时库存，基本与中国2012年403吨的产量相当。

这样的情形，明显是蓄意集中"卖空"。恐慌随之形成，当天收盘金价跌至1 476.10美元，跌幅达到5.41%。有趣的是，尽管这集中抛售的400多吨黄金价值高达约200亿美元，但由于期货杠杆的存在，实际只需要10亿美元左右即可完成。4月15日，周一，纽约金市虽以1 481美元/盎司高开，但最终收至1 352.30美元/盎司，跌幅高达8.39%，为1983年2月28日以来之最。

4月16日，金价一度续跌至1 321.50美元/盎司（约为265元人民币/克）的"谷底"，随即缓慢爬升，当日反而收涨了1.26%。

按照我们通常对"熊市"的定义，相比峰值下跌超过20%，黄金市场还是在短短几天内下跌超过这一水平（相比2011年9月的高位），完成牛熊转换。

2. 人为操纵的暴跌

过去12年，黄金表现强劲。自2001年以来，金价猛涨7倍以上，

2011年冲高至每盎司1 920美元的最高纪录。在货币宽松、通货膨胀的阴影下，投资者大举吃进黄金，把它作为一种安全资产。但随着对欧元区危机的担忧有所减轻，投资者押注美国经济将会复苏，黄金市场情绪受到了冲击。

2013年年初，瑞信、法国兴业银行和高盛都曾公开表示黄金牛市已终结。高盛在2012年就看跌2013年的黄金。在本次暴跌之前的2013年4月10日，黄金下跌1.5%，高盛分析员当天即将2013年和2014年的黄金目标价分别下调至1 450美元/盎司和1 270美元/盎司，并建议客户做空黄金。

法国兴业银行的分析师甚至为此撰写了长达27页的专题报告。该报告称，随着美国经济好转和美联储即将退出刺激计划QE，黄金的牛市时代即将终结。

不过，尽管很多人在此前就不看好黄金大势，但对于2013年4月12日、15日两次暴跌的直接原因，各方意见事后渐趋一致。世界黄金协会的官方声明称，越来越多的证据表明，这是投机者们在期货市场的操纵所致。澳洲河石咨询控股有限公司执行董事徐汉京亦表示，"金价下跌是美元走强的必然趋势，但是在美元利息没有发生重大变化之际发生暴跌，就有极强的人为操作背景。"

中国银河期货首席宏观经济顾问、原伦敦所罗门金融集团宏观对冲基金策略经理付鹏则认为，市场上类似于替客户托管的一部分黄金出现大规模的出库，这意味着有人在黄金暴跌前选择了更大规模的借入黄金的行为，它的即期抛售行为就有可能引发黄金的下跌、破位，进而引发恐慌性的抛盘。

至于这次暴跌的"幕后黑手"，坊间认定的"头号嫌疑犯"是美林公司。

3. 黄金成为"融资工具"

从2012年10月开始，有50亿～70亿美元的资金，从大宗商品中撤出。它们大多进入日本乃至美国股市。

其实，即使没有"黑手"，许多市场人士也早已预料到金价下跌会到来。事实上，经验丰富的投资客早已掌握金价涨落的规律，宏观的影响因素包括美元的强弱、石油价格的高低、国际局势的变化等，其中最重要的是美元的强弱。美元强则金价弱，美元弱则黄金强，这几乎是过去的一条铁律。

在过去的几年里，美国推行的美元量化宽松政策的确导致了美元的贬值。部分投资者还认为，2013年一季度美国经济复苏势头明显，这都成为美元走强的背后因素。

此外，付鹏表示，日元自2012年10月以来的持续贬值，导致了黄金的基本属性已由"投资工具"变为了"融资工具"。这是本轮金价暴跌的真正原因。一般认为，货币宽松、贬值会造成黄金等大宗商品价格的攀升，为什么日元贬值却导致相反的结果？

付鹏解释称，日本的量化宽松导致其国内诸如股市等风险资产的投资预期收益快速上升，同时美国股市也在快速走高，这些的预期收益率已经高于黄金，也高于其他大宗商品。于是，包括黄金在内的大宗商品被拆解卖出，获得的资金进入了股市等高回报交易中去。在过去半年，日元大规模贬值超过30%，日本股市上涨幅度超过40%，这种投资回报率使其他投资相形见绌。

值得注意的是，向银行拆借黄金的利率，要比货币信贷更低。在这种情况下，黄金更容易地成为一种低廉的"融资工具"。

4. 金价下一步

中国人对金首饰及金条、金币的爱，远远超过了世界其他民族。受宽松货币政策预期影响，纽约商品交易所黄金期货市场交投最活跃的2013年6月，交割黄金期价收于每盎司1 462美元，比前一交易日上涨38.3美元，涨幅达2.69%，为2012年6月以来单日最大涨幅。

金价在未来一段时间的走势如何，多空双方辩论激烈。看空的一方包括巴菲特、索罗斯、罗杰斯这样全球最著名的投资人，也包括瑞信、美林这样最大的几家金融机构。看多的群体中，也有鲍尔森、格罗斯等声名赫赫的大佬。曾准确预测1987年美国股灾和1997年亚洲金融风暴的"末日博士"麦嘉华也认为黄金牛市并未结束。

徐汉京的观点介乎其中，他认为，考虑到美元的利息仍然处于负区间，金价不会继续跌下去，应该维持在1 450美元/盎司至1 550美元/盎司之间比较正常。不过，近期内，金价难以回升至这一区间，还有向下打压的可能。

中国黄金协会副会长兼秘书长张炳南认为，金价长期向好的基本因素没有改变。世界黄金协会也认为，强劲的需求和短缺的供给，将驱动金价长期看好。

世界黄金协会的《黄金需求趋势报告》数据显示，首饰用金一直在黄金需求中占居首位，2012年达到了总额的43%；金条、硬币占29%；各国中央银行购金约为12%；工业用黄金10%；黄金ETF基金为6%。

而中国黄金协会的数据则表明：2012年，中国首饰用金达到了60.41%，金条、金币为31.88%；工业用金为5.87%；其他用途的黄金为1.84%。

显然，中国人对金首饰及金条、金币的爱好程度，远远超过了世界其他民族。作为印证的是，本轮金价暴跌引发的抢购狂潮，还在中国各个城市里继续。

5. 黄金暴跌逼近金矿生死线

"挖金矿"依然是赚钱的好买卖。判断金价的未来走势，供给方黄金生产者的因素或许同样重要。黄金供给的三大来源是：矿产金、加工回收金及央行出售金。

其中矿产金一直是最大头。2012年，矿产金在全球格局中的比例约为70%。在中国，工信部的数据显示，2012年，中国矿产金为341.8吨，占到全年黄金产量的84.79%。同时，中国连续六年成为世界第一大黄金生产国。

金价下跌，毫无疑问将压缩金矿企业的利润。金价的下跌会触及他们的成本"生死线",从而导致他们减产乃至关闭矿井。在20世纪90年代末,金价低于300美元/盎司时,类似事件曾经上演。

早在2012年5月,世界黄金协会首席执行官阿拉姆·奇奇马尼安(Aram Shishmanian)就表示,黄金矿产商当时生存的底线是金价1 300美元/盎司。而高盛在2013年4月列举了25家国际黄金公司的总现金成本曲线图,得出的结论是黄金价格保持在1 150美元/盎司的水准,将支持这一产业持续发展。

中国最大的黄金企业之一——紫金矿业的公告显示,2012年紫金矿业生产了32.075吨矿产金,销售成本为120.82元/克,大体相当于600美元/盎司,毛利率达到63.05%;如果剔除2012年并购的澳洲诺顿金矿项目,销售成本则下降至109元/克,毛利率提高66.7%。

紫金矿业董事会秘书郑于强表示,"至少在未来5～6年的时间里,只要国际金价不下滑太多,紫金仍能保持较好的毛利率。"

从以上种种可以看出,国内外的巨头们还没有担心"亏损"的问题,"挖金矿"依然是赚钱的好买卖。

研究公开数据可发现,投行机构对生产成本的判断普遍高于生产商对生产成本的判断。笔者推测其原因是,投行机构的判断源自财务报表,生产商的判断源自生产管理。因此,笔者认为投行机构得出的成本更接近边际成本,生产商得出的成本更接近平均成本。

由之前数据及上述分析,可判断黄金生产成本如下:世界主要黄金生产商边际生产成本约为1 100～1200美元/盎司,最优平均生产成本约为700～800美元/盎司。按资源采选业平均内部收益率计算，在最优平均成本下的最低金价约为800～900美元/盎司。

进入2015年3月，国际黄金价格已经跌至1 140美元/盎司，几乎已经快要接近采矿成本线，可以预测，又一轮的黄金多空市场大决战即将上演。

6. 资源大战背后 金融手段魅影重重

纵观美国控制黄金、欧洲控制白银、澳洲控制钢铁的过程，各种金融手段魅影重重，这是一个多层次交易市场上的博弈。它不仅会发生在石油市场的背后，而且会发生在其他大宗商品交易的市场背后。现代金融业已经从银行金融的时代进化到证券金融的时代。因此，稀土产品证券化时代的到来，预示着中国大稀土战略已迈出了关键的一步。

政治经济学告诉我们，价格是由价值决定的，价格总是围绕价值上下波动。而对价格影响最大的就是供求关系的变化。操纵价格也都是通过对供求关系的人为改动而实现的。南交所稀土产品交易平台的投入运营，可实现稀土价格与市场供需之间的双向运动，通过广泛集聚社会民间资源，形成稀土商业收储模式。此举正是从市场层面出发，为稀土价格添加稳定指数，使中国稀土企业在和国外买家谈判时争取到更多的话语权，确立中国稀土的全球定价权，形成中国稀土定价机制。

第三节　资源争夺战背后的阴谋

挑起区域战争，维持美元强势一致是美国近60年以来奉行的强权政策。美国从20世纪50年代后期开始，经济竞争力逐渐削弱，出现了全球性"美元过剩"情况，各国纷纷抛出美元兑换黄金，美国黄金大量外流。为了避免形势进一步恶化，美国再一次介入了越南战争，试图通过战争拖延来解决问题。但现实是，最终美国不但没有解决问题，反而陷入战争泥潭。到了1971年，美国的黄金储备再也支撑不住日益泛滥的美元了，尼克松政府于当年8月宣布放弃按35美元一盎司的官价兑换黄金的美元"金本位制"，实行黄金与美元比价的自由浮动。欧共体和日本、加拿大等国宣布实行浮动。世界主要货币自此进入法币时代，再没有本位于黄金或白银的主流货币了。

美国用介入区域性战争来保持美元的强势，另外以泛滥发行美元、实施货币打劫作为组合拳。

第一步：向发展中国家转移劳动密集型工业，向有劳动力的国家进行投资，带动其工业发展，利用其劳动力红利。如此，美国就可以找到新的输出美元的市场，向这些发展中国家输出美元，同时以输出的美元来购买对方生产的商品。美国输入的仅仅是印制的纸，但却可以获得土地、厂房以及商品。这是打劫的第一步。这样国内就不用生产这些生活用品了，只要生产美元就行，因为国内生产这些生活用品成本都比买入的高，何必去生产呢，生产美元多好。可大家有没有发现，美国转移的大多数都是低端生产链，高端技术都封锁得严严的，同时又进行知识产权保护。美国专心就搞高科技，所以美国高科技就会越来越发达。二战后鲜活的例子是：美国先是向日本转移生产线，然后再向亚洲的其他国家转移，最后再向中国转移。但无论向任何地方转移，其在对方发展壮大后都必然要出手打劫对方。

第二步：通过扶持发展中国家，榨取这些国家的劳动力红利。落后国家的劳动力成本是非常低的，从改革开放前的中国就可以看出，这样美国就可以低价买入商品，保证了美国能以低通胀的方式保持经济的稳健发展。但人类拥有的资源是有限的，随着其他国家工业化的升级、资本的积淀，他们拥有了控制更多资源的欲望，可这必然挑战到美国的核心利益。怎么办？打劫。当然，还有另外一种情况，那就是对方工业还没发展起来，可是美国经济已经开始衰落了，那必然就得提前打劫了，比如撤资，通过对这些国家进行金融渗透、做空等各种方式打压该国经济发展。

而现在美国正是在针对中国，两种方法皆有。2005年美国就开始逼中国提高汇率了，对中国也开始撤资。可美国没想到的是，因2008年两房危机没有压住，让其经济一落千丈，在世界上的话语权大大下降，而且由于布什忙于战争，一下子没看住中国，让中国发展的过头了。其实在20世纪90年代末期到21世纪初期就该打劫中国了，可他一拖七八年才来打劫，效果自然大打折扣，不过中国也受不了压力。2005—2008年，人民币的汇率急剧上升。2008年后，美国经济出现问题，中国也强大起来了，美国压制中国的汇率升值已经很难了，2011年中国政府就声明人民币不会再升值了。

另外一种方法就是通过金融打劫，可是由于有了前车之鉴（日本和东南亚就是将整个金融全面开放，让美国有了可乘之机），中国金融的监管因而很严，资金进出国际没那么容易，所以现在美国除了靠经过香港抽点资金做空外，基本没有办法，而且从2008年到现在，中国经济以10%左右的增长率增长，又强大很多，美国更难打压了。这也是美国现在对中国有心无力的现状，时间拖得越久，对美国越不利。看看现在美国对中国都做了些什么，都有点气急败坏了。

第三步：发动金融货币战争，对目标发起金融洗劫。这种手段虽然很老套，可一般国家不得不就范。日本是因为无论其政治、军事经济都是非独立的，所以抵抗力低，当然会被洗劫。

发动货币战的过程也不复杂。首先，美国利用自己在世界政治、经济方面的影响力，要求对方因为收支顺差过大而升值，这些理论逻辑依据就是西方庸俗经济学。可顺差大就要升值吗？非也。但由于美国有最强大的大学和研究机构，拥有世界最强大的媒体宣传工具，所以拥有了大量被洗脑的公众。这些宣传机构不断忽悠全世界接受这种逻辑，使其认为顺差过大就是币值被低估，就得升值，大众也慢慢接受了这种荒谬的逻辑，觉得这是理所当然的。当然，如果对方是浮动汇率，那就更好办了。美国直接通过华尔街释放出大量资本，去控制对方自由浮动的汇率即可。在最初阶段，美国通过控制炒作资金推高大宗商品价格，从而加大被洗劫对象的经济运行成本，从源头上榨取对手的利润。同时，大宗商品涨价会诱使对方接受升值的预期，以便降低经济运行成本，而升值客观上又会人为加大大宗商品涨价的预期。这样最终形成恶性循环：汇率升得越快大宗商品涨速越快，大宗商品涨得越快，汇率升值欲望越强。看看20世纪初期大宗商品涨了多少？那是打劫中国的开始。

　　由于大宗商品不断涨价，加大了其他国家的经济运行成本，加上币值升值压力和预期，热钱会大量流入其他国家的经济体。最后，伴随着币值上升，通胀压力加大（输入型通胀），控制着世界主要舆论的各种机构又会开出更有利于金融洗劫的药方，即收缩流动性——大幅加息！加息之后会出现与美国之间的利差，直接的结果是降低热钱的投机成本和风险，而热钱由于使用成本、风险系数降低又会加速推高资产价格，物价也会飞涨，宏观经济会进入逐渐失控的局面。

这种局面，又会促使相关国家的学术舆论继续催促加息，央行继续加大加息力度以试图控制这一局面，导致本国货币与美元经济体利差过大。由于升值打击出口以及加息导致资金使用成本大增，国内企业不堪重负而开始出现倒闭潮，整个国家的宏观经济陷入衰退。此时，通胀是被控制，但经济马上转入比通胀更恐怖的通缩，大量失业会使整个社会变得动荡、混乱。此时，相关国家央行不得不开始大幅降息来改变这一切。与此同时，美国经济开始复苏，经济进入了加息周期，强势美元预期出现，资金在相关国家赚得盆满钵满之后开始向美国转移。所在国的资产价格马上暴跌，企业继续倒闭，币值因为大量热钱撤离而出现汇率崩溃，整个国家更为混乱。政府当局因为失控将面临倒台风险。

这个时候，伟大的人类救星——受美国控制的国际货币基金组织、世界银行出现了，逼迫你以几乎卖国的方式向你注入资金来帮助你稳定经济、稳定政权。不同意？没关系。那么就由美国支持一个反对派，推翻现政权，由他们扶持一个新的傀儡政权执政，伊拉克就是明显的例子。新政权由于受到美国的支持很快就得以经济复苏，新政权成了人民的大救星，美国成了大救星！资源及货币实现双重收益。

此时，那些资本家又出现了，开始以救世主的身份、以极低的价格收购这些国家的资产，从而彻底控制相应国家的命脉产业。这个国家就此进入恶性循环，政治会很不稳定，经济发展会时好时坏，如果没有什么历史机遇就再也起不来了。而对于美国来说，有用的时候美国就给点甜头，没用的时候就不管不问，但即使如此仍然控制着这个国家！

美国不断扮演着既是强盗又是大救星的角色。而现实是，美国经过这一轮对对手的洗劫，自己的经济又开始繁荣了！此时，美国就又会寻找新的目标继续重复上述过程。据此，美国经济总是能够不断随着世界经济波动而波动，但总是能够通过发动货币战争或现实战争而解决这个问题。于是美国就成了被神化了的上帝，美国鼓吹的价值观、各种学说也就成了圣经！于是，那些人被所谓的上帝一次次地变卖却一次次地欢呼！

美国每次都能带动世界经济发展起来，这次为什么不行？因为这次打劫中国没有成功，打劫中国的失败使他无力在这个危机中再扮演这个角色。

第六章

中国稀土未来五年的机遇在哪里

第一节　中国能抢占全球定价权高地吗？

稀土，还是稀土！本书大量的行业数据及行业发展背景描述都在揭示一个趋势及机会：中国政府只有通过控制稀土在全球的话语权才能扳回一局制衡欧美及日本的大棋。中国已经失去了石油、黄金、白银的国际定价权，不能再失去稀土的全球话语权，中国能抢占全球定价权的高地吗？

从率先落子的南交所稀土产品交易中心，到蓄势待发的稀土产品期货，再到万众瞩目的稀土大集团组建，中国正在稀土定价权争夺的大棋局中悄然"布子"、顺势"争劫"、巧妙"连扳"，最终欲成功"叫吃"。期间，南交所稀土产品交易中心现货电子交易率先吹响中国稀土证券化的号角，利用国家部委联合对上游稀土私挖滥采强力打击的时机，同时针对全国稀土六大集团的整合时机强力推出稀土证券化的全新尝试。一年下来南交所稀土产品交易中心已经点燃了稀土证券化业务的火种，同时也引来了国内其他交易所增加稀土产品的上线挂牌交易，最重要的是在稀土产业内引起了巨大的积极反响。

2015年1月，实行16年的中国稀土出口配额管理在2015年初正式取消。2014年12月31日，商务部、海关总署公布《2015年出口许可证管理货物目录》（2014年第94号），包括稀土、钨及钨制品、钼等在内的8种货物，凭出口合同申领出口许可证，无需提供批准文件。中国自1998年开始实施的中国稀土出口配额制度正式终结。中国政府首先敞开了稀土出口的大门，既是对国外稀土产品管控的挑战，也是对国内稀土产业健康发展的考验。

中国能在此次稀土资源的隐形战役中胜出吗？中国能否抢占全球稀土的定价权、话语权？没有人能猜到这场棋局的最终结果，但胜负的天平已然随着中国的加入而发生微妙的动荡。我国在重要战略资源领域已经不能再韬光养晦了，应该由相关政府机构为主导力量，引导投资，促进大稀土集团对产业链的整合，规范稀土行业市场，形成从探矿、开采、冶炼、深加工、循环利用的有序化、合理化的市场，再借用民间资本的力量，呼吁民间收储，实现藏富于民。南方稀土产品交易所的建立，将解决价值和价格偏离问题，配合国家大力整合稀土产业的步伐，有利于形成中国稀土的定价机制，并可利用我国的资源优势，掌握全球的稀土定价权。那么，未来五年中国的机遇会在哪里？

一、中国布局战略性资源商品，抢占全球定价权高地

2014年注定是稀土行业证券化投资的元年。从2014年起，中国开始踏入一场惊心动魄、波谲云诡的全球稀土定价权的争夺大棋局。棋局的一方是国内众多不愿受制于人的资源商品期货设计者、现货商、贸易商以及下游更加不计其数的消费者；另一方是早早就占据先发优势的海外资源掌控者、定价者与资本大鳄；棋局的赌注则是战略性资源商品未来的全球定价权与中国经济的全球竞争力。

从南交所稀土证券化现货交易中心，到蓄势待发的渤商所、包稀所，再到万众瞩目的上期所稀土期货，还有中国政府核准的六大稀土产业集团对全国稀土矿区的抢位及争夺，纵横交错：一方面，国务院稀土办（设在工信部原材料司）也需要重新规整中国稀土矿的探采及分离指标的入编管控，同时还要积极推进行业消化部分库存的调控工作；另一方面，各个省级政府国资控股的稀土集团也在紧锣密鼓地跨界扩张，在扩张的同时也需要通过稀土办来平衡各个省级政府在矿产资源版块的地方利益。此外，国家稀土办还得通过此次的整合整顿来重振稀土产业的核心竞争力。

实际上，中国政府正在对全球稀土产品的供应进行一次力度空前、前所未有的大洗牌。首先中国政府在WTO败诉案件中借环保问题应对世贸组织；同时关起国门，暂停稀土出口，借此机会大规模、地毯式地核查全国稀土私挖滥采的数据底牌。在摸清国内稀土

采矿指标数量及稀土分离厂数量级规模后，开始了以组建"5+1"稀土集团为核心的稀土产业整合平台，这是一局令国际社会难以捉摸的大棋。在这个棋局里，中国要通过三至五年时间，以稀土"5+1"集团为平台掌控国内乃至全球的稀土供应资源，同时倡议建立国内稀土产业公共服务平台（主要做稀土的定价及交易），以市场化行为为稀土产业加上一把灵活的枷锁。

事实上，中国在2014年的全年稀土矿产开采量官方数据大约是12万吨，但是国内的稀土分离企业的年处理规模却达到了35万吨（其中包括钕铁硼废料回收分离企业），同时也出现了"黑稀土泛滥"及由于国家短时间禁止稀土出口导致部分稀土氧化物产能过剩的"双不利"局面。产能过剩及产业运用疲软导致稀土行业大面积业绩下降甚至使部分稀土上市企业出现亏损。就在市场出现混沌，国家出手整顿时，南交所稀土产品交易中心的创立及诞生，也就显得"生恰逢时"。南交所稀土产品交易中心及实物交收基地落户于中国重要的中重稀土富产区——广东平远县，一年营运下来交易额已经在国内的同类交易所中拔得头筹。

当然，也没有人现在能知道未来的稀土证券化会怎么样及全球定价权的掌控到底花落谁家，也无法猜到这场世纪棋局的最终结果。虽然六家稀土集团对目前稀土证券化业务都尚未介入，其他交易平台对稀土产品的交易业务也刚刚开始，但胜负的天平已然随着中国的加入而发生微妙的动荡……

一直以来，平远县拥有丰富的稀土资源，其稀土具有类型多、配份好、品位高、易开采的特点，目前已探明储量达56 000多吨，预测远景储量达20万吨以上。广东全省仅有的4张稀土开采许可证中，平远就拥有2张。

经过多年发展，稀土资源已成为平远县的名片。近年来，平远县的稀土产业也迎来了转型升级。平远县不仅要开发高端磁性材料、高端发光材料及储氢材料等稀土深加工项目，更为重要的是还得做好稀土的储存项目，建立一个稀土储存基地。未来的国家战略物资筹备稀土库也有望落户于此。

二、黄金与稀土产品的交易空间体量分析。

只有证券化才能有望打造中国乃至全球稀土交易的定价权及话语权，从目前稀土产业仅300亿元人民币的直接产值来看，要想单纯从稀土矿开采、冶炼分离、传统贸易中树立全球的稀土定价权几乎是不可能的。我们只有建立第三方市场化的稀土产品交易平台，利用交易平台进行类似黄金及白银的交易流转，再结合国内及国际投资者对稀土产品证券化市场的买卖，才能唤醒全球投资者对稀土产业的投资热情，从而最终树立我们的全球定价权。

再参考黄金在中国的消费数据：2015年，中国黄金协会在2月6日公开的一份报告显示，中国黄金2014年消费量从2013年的1 176.4吨下滑至886.1吨，其中金条消费骤减59%，金币消费下降49%，金饰用金减少6.9%。受股市反弹影响，加之政府大力反腐举措抑制了奢侈品的需求，2014年金价下跌1.4%。而此前受金价下跌28%的影响，2013年中国黄金消费激增41%。中国黄金协会在其官网中表示，2013年黄金价格断崖式下跌后，国内黄金消费出现井喷式增长。而2014年金价相对稳定，抑制了投资者对黄金的需求。与黄金消费相对平稳的2012年相比，2014年中国黄金消费量上涨6.5%，其中金饰用金激增33%。按照市场价格计算，2014年全年消费的黄金价值为2 215亿元人民币（相当于2014年度稀土产业产值300亿元的7倍有余）。

2015年1月，上海黄金交易所（以下简称上金所）公布的2014年的交易数据新鲜出炉，其显示全年总交易金额为6.51万亿元，同比增长24.69%。其中，交易黄金1.85万吨，同比增长59.17%。对黄金市场而言，2014年仍是一个丰收的"中国年"。随着我国黄金市场国际化步伐的加快、市场功能的日益丰富，中国黄金市场越来越有吸引力。据金交所相关负责人对《中国黄金报》记者的介绍，2014年金交所贵金属交易量的增加，推动了总交易额的快速增长。

根据金交所提供的数据显示，除了黄金交易量近6成的增幅外，2014年金交所白银的成交量达49.999万吨，也同比增长16.14%。在金交所负责人看来，近年来，随着西金东移，我国黄金市场的吸引力逐渐增强。2013年，金价下跌，推动了我国黄金实物消费量和交易量的增长。2014年，金市仍在下行通道中，金价行情波动较为频繁，各机构规避风险的意识显著增强，参与黄金市场规避金价风险、保障经营收入的需求增加。

一组数据完全可以计算出,黄金作为国际、国内投资品的交易换手率(65 100/2 215=29.34(换手率))。如果稀土产品投资的换手率按照黄金的投资换手率来计算的话,2014年稀土产品交易额可以达到8 803亿元(29.34 × 300=8 803.6)。

尤为重要的是,频繁波动的行情为黄金和白银投资者提供了交易机会,现货市场和期货市场之间、国内黄金T+D产品和国际黄金产品之间的套利机会增多了,2015年投资性的黄金交易量明显增加。黄金及白银的投资者日趋成熟,也为其他稀贵金属的投资交易提供了投资知识广谱的效应,因此稀土产品证券化投资交易的市场亦会"水涨船高"。据了解,2014年1月2日,金交所挂牌上市迷你黄金延期交收合约,交易单位为100克/手,较过去的黄金T+D交易单位1 000克/手要小得多。同时,金交所将现有Au99.99黄金实盘合约的交易单位由100克/手调整为10克/手,市场参与门槛大幅降低,给中、小投资者提供了更多的黄金投资机会。

三、南交所稀土产品交易中心的优势分析。

在充分研究完国内几个重要的黄金、白银及有色金属的交易所业务模式及进行了优势、劣势分析后,南交所稀土产品交易中心将发力点定在初级投资者交易习惯的行为培养上。南交所稀土产品交易中心还创新性地推出了T+D交易模式、撮合交易、可以选择做多做空机制、22小时不间断交易、出台降低了贵重稀土交易最低标的、融资费用等一系列措施。南交所稀土产品交易中心全面借鉴金交所黄金及白银的交易模式，同时改良了诸多期货交易中的约束，让自身的稀土现货电子交易模式能更加具有投资市场的灵活性及适应性。

南交所稀土产品交易中心的交易规则也借鉴了金交所的迷你黄金延期交收合约，充分考虑了小微投资者的尝试性投资交易需求，把稀土及白银的投资最低入市资金降低至人民币10元起。

南交所稀土产品交易中心就是要在这样一个全新的证券化稀土交易平台上，建立国内稀土产品的定价及交易平台，同时通过适时的国内行业推广，让更多的国际、国内贸易商采用这个交易平台的价格指数，最后实现集中看盘定价、看盘点价计算的公允平台。

事实上，中国今年以来已显著加大了争取稀土产品国际定价权的努力。上期所黄金期货领域推出的连续交易就受到了市场热捧，加强了国内市场与国际相关市场之间的联动，黄金期货成交量也因此大幅提高。而今，稀土期货也有望在上期所推行。

上海期货交易所总经理刘能元近日表示，中国已经是世界有色金属的第一大国。上海期货价格对LME（伦敦金属交易所）的价格变化呈现越来越明显的引导能力，"中国因素"正在世界有色金属定价体系中发挥着愈来愈重要的作用，全球有色金属定价中心显现出东移趋势。

从目前包头稀土产品交易所、渤海商品交易所、泛亚金属交易所等纷纷上线挂牌稀土产业交易的现状来看，目前存在一个全面、权威的稀土产品交易的集群效应。"上市一个稀土产品，不一定有话语权。但如果连相关证券化的稀土产品都没有，那话语权就更无从谈起。"一位长期研究大宗商品证券交易的学者的话发人深省。他认为，话语权并不是靠上市某个产品就可以建立起来的，话语权的累积需要靠产品活跃度、市场参与度这些因素的支撑。这些需要国家在政策开放度、人民币开放度上的支持。截至目前，国内期货市场参与者都是国内投资者，境外投资者根本无法参与进来。这或许就是南交所稀土产品交易中心目前在市场上的综合优势。它的几个核心优势表现为：证券化即时撮合交易、T+0并连续22小时不间断交易、可选择做多做空交易等。这些都是目前其他交易所无法实现的交易模式，也是南交所稀土产品交易中心的活跃度及交易量得以领先于行业的前提。

我们也发现，对于每个产品的规划与发展，交易所显得非常理性。在他们提供的相关产品的宣传资料中，通过上市新品实现价格发行功能，助力中国企业利用国内证券市场的流通，进行风险对冲管理，更好地发挥金融服务实体经济的作用，几乎都写在这些产品推出意义的第一位。

如铁矿石期货，大连商品交易所相关人士表示，尽早推出铁矿石期货交易，有利于形成公开透明的铁矿石市场价格，帮助现货企业有效规避市场价格波动风险，提高我国铁矿石资源保障能力和促进产业升级，并为争取国际市场定价话语权增加筹码。

动力煤期货方面，郑州商品交易所相关人士称，动力煤期货有利于缓解"煤电联动"压力，并且能依托现货市场的巨大规模，在风险可控的前提下，逐步实现发现价格和规避风险的功能，在国际市场上形成具有影响力的动力煤"中国价格"，保障国家能源安全。

近年来，随着以中国为代表的亚太国家经济的崛起，亚太国家在世界石油消费总量中所占的比例越来越大，北美和欧洲的油价作为基准价很难客观真实地反映亚太地区的供需关系。因此，原油期公网方面，上海期货交易所相关人士认为，通过上市原油期货，可以形成反映中国石油市场供求关系的价格体系，并促使我国在国际石油价格的规则制定和监管体系中占主动，进而在国际石油资源配置中赢得主动。

四、金融——不见枪声的战争

金融，说白了就是钱的不同形式。任何国家都不能缺少被货币化的金融的多样形式：证券、黄金、白银、石油、房地产等被货币化的一个手段，俗称就是金融。它时时刻刻地影响着全世界人民的生活方式，同时也深刻地影响着世界政权的格局，影响着世界区域经济的平衡及发展。它可以让冰岛破产、让泰铢一夜变成废纸、让人民币汇率瞬间跌停，它就是一场没有硝烟的战争。

现如今，金融战争已经发展成为多元化、隐形化，甚至不再是表象的货币竞争，而是以控制战略性资源为核心的变相货币战争，而且成为一个国家夺取其他国家财产的主要手段。例如，美国政府刻意做空石油价格，几乎让俄罗斯经济倒退十年！

假如中国能控制全球稀土价格的话语权，那么一旦中国政府提高稀土价格，美国政府国防开支成本就会随之增加，直接将影响美国国会对政府的干预。这就是金融战争。

中国一定要建设强大的"金融铁军"以应对经济战争！面对当前复杂的国际形势，中国一定要具备打赢三场战争的能力，即军事战争、经济战争、资源战争。1997年东南亚的金融风暴就是经济战争的一个例子，东南亚国家经济因此受到了沉重的打击，国际金融炒家以经济手段达到了以往要用战争手段才能达到的目的。

美国整天说的"中国威胁论"实质上指的不是中国军事上的威胁，美国人心里明白，中国的军事在21世纪不可能超过美国，中国发展军事，美国则在大力发展军事！但中国在全力发展经济，美国则在全力维持现有的经济。美国人怕的不是中国的军事力量超越美国，而是怕中国在经济上超越美国！为什么美国不怕日本？日本在经济上仅在美国之后，但日本自身的条件有限，本土基本无资源，可是中国地大物博。

二战后，因为有了核武器，世界规则已经变了。军事再强大也不再有大的发言权了（俄罗斯就是最好的例子）。只有一个国家的经济强大了才会真真正正的强大，中国不能学习苏联，只在军事上与美国抗衡。美国现在称霸世界，可以当世界警察，其经济起的作用远远比军事力量大得多！

为了让读者能更直观地感受到金融战争的威力，我们现在来分析一下经典的经济战争案例（以下是美国对苏联的非常杰出的经济战争，此次经济战争成功打劫了苏联人民积累了70年的巨额国家财富！美国政府为了成功打劫，不惜以国家信用为代价，且不以为耻反以为荣！这是一个波及世界主要国家和国际银行的惊天大案。）

2006年五六月份国际金融市场剧烈震荡的重要原因就是因为一笔4.5万亿美元的巨款从瑞士秘密汇到了美国，用以"私"了这一案件。如此巨大的资金转移引起了世界金融市场美元流动性短缺危机，由此直接导致了2006年五六月份世界股票市场和大宗商品市场（包括黄金和白银）的暴跌。究竟谁是万塔？他又是如何拥有27.5万亿美元的财富的？不是说世界首富身家才500多亿美元吗，怎么可能有人拥有比比尔·盖茨还多500多倍的财富呢？

国际媒体成天炒作身家500亿美元的比尔·盖茨蝉联世界首富宝座，如果你对此信以为真，你就上当了。人们耳熟能详的所谓富豪排行榜上，你根本找不到"大道无形"的超级富豪们的身影，因为他们早已严密地控制了西方主要的媒体。

万塔的真实身份是当年里根总统最信任的金融战争专家，曾是美国财政部、中央情报局、联邦调查局的高级官员。20世纪80年代，万塔直接受命于里根总统，从事旨在颠覆苏联卢布的秘密金融战争。他在美国威斯康星州成立了"新共和金融集团"（New Republic Financial Group），公司运作资本仅1.7万美元，但是很快在美国秘密的海外账户进行资本注入后，万塔的生意越玩越大。到1990年10月，万塔以高于黑市一倍的比价（28卢布比1美元）完成了一笔以50亿美元买进1 400亿卢布的交易，这要感谢他在苏联内部的同谋们。在1991年1月和2月，万塔在伦敦黄金交易市场上大肆做空黄金高达2 000吨。早已疲弱不堪的苏联经济，全靠着黄金出口这点钱养命，金价的暴跌在苏联的棺材盖上打进了最后一根钉子。万塔的秘密行动被称为"伟大的卢布骗局"。

在苏联解体后的几年中，万塔和其他美国金融战争的高级专家们与苏联内部的腐败势力里应外合，大肆洗劫了苏联的国家财富。情况一度荒唐到美国经济学家杰弗里·撒克斯（Jeffrey Sachs）直接帮叶立钦修改总统令，美国律师乔纳森·海（Jonathan Hay）亲笔制定了无数俄罗斯法律条文和政府规定，美国财政部的萨默斯（Lawrence Summers）在给俄罗斯财政部副部长的信中甚至详细指导如何制定和执行经济政策。俄罗斯经济的病情在"美国大夫"的"悉心关照"之下，下场可想而知。

1991年的冬天对苏联人民来说是异常严酷的，苏联经济体业已严重失血的身躯，在被国际金融专家开动的超级通货膨胀这部

"财富绞肉机"碾过之后，大批苏联的社会主流人士的毕生积蓄一夜之间灰飞烟灭。大学教授、医生、军官、工程师纷纷走上严寒的街头，去兜售各种价格低廉的小商品，其中一部分人甚至不得不乞讨。戈尔巴乔夫参加1991年11月马德里的西亚和平讨论会时，甚至不得不偷偷提前离开会议，因为他的苏联代表团付不起宾馆住宿费。

苏联人民积累了70年的国家巨额财富到哪里去了？真像西方经济学家们所说的苏联经济早已"资不抵债"？人民的财富真会"蒸发"得无影无踪吗？

其实在超级通货膨胀中，财富并不曾蒸发，只是发生了转移。万塔的27.5万亿美元就是苏联人民"蒸发"的财富的下落之一。

与历史上贫穷弱小的国家无力反抗西方殖民侵略的情况完全不同的是，苏联拥有强大到让美国无法安睡的军事力量。在军事实力仍然相当强大的状态下，整个国家遭到外部势力疯狂与彻底的洗劫，这在人类历史上还是第一次。

金融战争所展现出的巨大破坏力，丝毫不亚于苏联卫国战争，所不同的是，卫国战争的巨大代价换来的是世界超级大国的地位，而金融战争的惨败，导致了这个超级大国的解体和经济长期衰败。战争对苏联的破坏仅仅持续了4年，而金融崩溃对其所造成的社会经济的灾难却已经接近16年。在搞垮苏联的金融战争中，万塔可谓战功显赫。

五、中国稀土行业健康发展的几点思考

1. 中国稀土行业六大稀土集团的前世今生

2014年12月9日，广晟有色接到控股股东广东省稀土产业集团有限公司（以下简称广东稀土）的通知，通知称，工信部原则同意广东稀土提出的《广东省稀土产业集团有限公司组建实施方案》（以下简称《组建方案》）。

而其实早在2014年12月6日，威华股份就公告称，接到本次重大资产重组交易对手方——赣州稀土集团有限公司（以下简称赣稀集团）的通知，主要内容如下：江西省工业和信息化委员会上报的《江西省工信委关于〈赣州稀土集团牵头组建中国南方稀土集团实施方案备案〉的请示》已经工信部予以复函，原则同意赣稀集团提出的《赣州稀土集团牵头组建中国南方稀土集团实施方案》，由赣稀集团牵头组建中国南方稀土集团有限公司。

上述两份公告的公布，宣告着我国稀土"1+5"工作方案已完成。有分析师预计，稀土大集团整合后，下一步稀土行业的一系列政策，包括生产配额、指令性计划、新增采矿证等总体会向稀土大集团倾斜。这意味着，国内稀土原矿和冶炼分离等上游资源和生产指标，将进一步向大集团集中，稀土行业将迎来新一轮洗牌。

早在2014年8月份的第六届包头稀土论坛上，有大型稀土集团负责人就透露，工信部已对六大集团下一步整合区域进行了划定。据

介绍，包钢稀土主要针对北方轻稀土整合，赣州稀土集团主要是对江西境内的中重稀土整合，厦门钨业主要负责福建省内稀土整合，广晟有色的整合范围则集中在广东省内。

相比之下，中铝公司和中国五矿整合范围更加灵活。中铝集团除了已有的在江苏、广西、四川的整合项目外，还新增加了对山东省稀土资源的整合；中国五矿则集中在湖南省内整合，另附福建已完成整合的稀土企业。

此次赣州稀土集团以及中国五矿集团公布的获批消息并未如此前包钢稀土等公告的一样明确整合区域。业内专家表示在具体的区域整合中仍然存在争议，特别是南方重稀土地区，大集团都不愿意放弃对重稀土的争夺。

厦门钨业将整合福建省现有（中国五矿除外）的稀土开采、冶炼分离及综合利用企业。包钢稀土也提出，将分期分批完成对内蒙古自治区稀土企业、甘肃稀土集团以及其他区稀土企业的整合重组。中铝公司也明确重点整合广西、江苏、山东、四川等省（区）的稀土开采、冶炼分离、综合利用企业。

而广东稀土集团则致力于广东省内的稀土产业整合。但也有业内人士不无担心的认为，地方政府是否会按照工信部的指导要求配合稀土的整合工作？

据了解，包钢集团方面一直想要获取甘肃稀土集团的控股权，但是甘肃省国资委并不愿意，最终让甘肃最大的有色金属企业金川集团控股了甘肃稀土集团。这显示出地方政府与中央主管部门的想法并不一致。

此前，包钢稀土总经理张忠曾表示："中铝公司在山东和四川的整合是国家安排的，我们的重组是轻稀土为主，原来想把北方都整合在一起，这次是工信部有个指导意见，明确大集团辐射哪一块，我们也是按照这个意见来做的。"而这说明央企在整合过程中有明显的优势。

按照工信部的要求，中铝应该整合四川地区稀土产业，但赣州稀土拟引入四川金攀西稀土集团，说明地方政府的反抗意识强烈。

赣州稀土如果成功引入四川金攀西稀土集团，那么其他稀土集团是否能坐得住呢？特别是广东稀土产业集团，其所掌握的稀土企业遍布南方各省（值得注意的是，广晟有色已经把江西广晟转让给赣州稀土）。同时，五矿、中铝的整合难度将更大，在很难进入其他四个地方稀土集团的情况下，还要在其他各省与四个稀土集团竞争。

2. 中国稀土行业的发展只能靠六大集团吗？

目前六大稀土集团的市场问题有以下几个：一是稀土价格仍在低位徘徊；二是氧化镧、氧化铈库存积压；三是部分上市公司业绩出现亏损。那么，一个深刻的问题摆在了六大稀土集团的面前：如何在2015年完成工信部要求的实际对稀土矿山及分离企业的整合目标？整合稀土矿山及分离企业所需要的资金从何而来？从股票市场还是银行借贷？股票市场增发融资需要业绩支撑，部分企业在业绩亏损情况下加上稀土产品价格低迷，银行借贷肯定行不通，行业整合不可能实现"拉郎配"，各级地方政府如何平衡国资之间的参股及控股？孰主孰次的权利分配如何才能落实？这中间的各种因素都在制约及拷问着被寄予厚望的六大稀土集团。

在这个章节中不妨大胆地问：中国稀土行业的发展就只能靠六大集团了吗？如果是，那么六大集团凭什么能完成使命？我在这里不能随意也没有资格对国家的宏观政策进行褒贬评判，但是我可以大胆地呼吁：只有市场化手段才能救中国的稀土产业！

那么市场化有哪些呢？或者是哪些市场手段能让行业的健康发展变得更加顺理成章呢？一是给稀土产业松绑（允许及鼓励社会资金参与六大稀土集团的扩股融资），让更多的机构投资者能进入到稀土产业链的投资中来，分担行业投资的资金强度，分享行业发展的未来成果；二是国家及地方在稀土产业链给予种子基金的引导及配对，以国家行业发展为目的，设立专项引导基金，让更多的基金配套投资进来，规避因行业发展利润指标低迷而导致的银行资金离场的尴尬局面；三是继续以市场化行为引导行业并购及重组，用市场资金参与到并购及重组中去，抛开原有的"家长式""文件式"空头疏导。以上三种方式的介入都能不同程度地解决实际行业整合中遇到的资金问题、政策问题、发展问题。

在国家层面努力促成六大集团的管控平台的建立。出发点及意义非常明确，就是让未来的中国乃至国际的稀土管控归口到国有的六大集团篮子里，有效地进行分配及管制。但是，我们也要清晰地认识到，国企的改革正在进行，国家对大规模央企的重组及合并正在逐步拉开帷幕，通过六大稀土集团对稀土行业的管控是否能摆脱国有企业的一些机制上的诟病，值得我们深思。六大集团对稳定稀土价格、打击黑色产业链、集中稀土产能绝对是有巨大作用的，值得我们思考的是如何放大市场手段，激活行业重组后的独立竞争力，增大整合后的行业凝聚发展竞争力，这才是中国稀土健康发展的最终目的。

六大稀土集团对全国矿产资源的开采指标、分离指标等稀土上游资源的统一调配及管理是能起到巨大作用的，但是六大稀土集团在稀土公共服务平台及国家化的交易定价平台、稀土金融及证券化的经验等方面依然处于初级阶段。所以，我们要想快速地通过稀土多元化手段应对国际市场发展的需要，单纯靠六大稀土集团是不现实的。原因在于：首先，六大集团整合后的消化产能、同业融合、同业竞争等都需要时间；其次，市场化的时间不容许中国用太长时间来学习及应对放开了的国际稀土市场；最后，稀土行业公共服务平台的建设也显得日趋紧要。

因此，稀土第三方定价及交易平台的建设、稀土战略性新兴材料的研发及运用、稀土深加工产业链的延伸，不但应该是六大稀土集团的任务及使命，还更应该是中国所有企业及机构都应该肩负的使命！

六、稀土案被诉是挫折也是机遇

在告别"配额时代"之后，中国的稀土行业将何去何从？在业内人士看来，稀土国际诉讼失败未必完全是坏消息，或将倒逼我国加速引爆稀土行业市场化松绑。署名"岭南稀土部队"的知名稀土行业人士也在新华网博客撰文指出，"仅仅靠封闭资源是没有作用的，对外要紧，对内要松。话语权是一种掌控能力，是对整个稀土产业链的控制力，需要有资源、有技术、有市场，三者缺一不可。将有限的资源用在本国的科技创新之中，引导产业投资，鼓励高端技术的创新，打造一个国家级交易平台促进产品流动。国内有内需了，稀土自然就不会被贱卖出去了。"

事实上，为促进稀土内需，各地政府也在积极学习其他金属的市场经验，积极推进稀土产品交易所平台的建设。2014年1月4日，国内首家专业稀土产品现货电子交易中心——南交所稀土产品交易中心在广东平远正式开业运营。开业时，近五十多家媒体进行了报道并得到了行业的关注。数据显示，目前南交所稀土交易中心的16个稀土产品在短短几个月的日均成交量已经达到一亿元左右，这对稀土这个小产业来说还是比较可观的。2个月后，包头稀土产品交易所也于2014年3月28日紧随开业。

分析人士表示，"随着南北稀土产品交易中心的投入运营，或将点爆稀土产品交易的商机。经过2013年四季度的持续下跌，稀土价格已经接近2013年年中时期的底部水平。稀土收储预期加之工信部再促稀土大集团，未来稀土价格有望稳中趋升。稀土产品的投资价值越来越深受广大投资者的青睐。"

在这里，我们必须再次强调，南交所稀土产品交易中心这个平台是对所有人开放的，直接签署一个银行资金托管协议，便可以将交易所和银行的客户账户连接起来，投资者可以通过客户端直接访问并参与稀土产品的交易。由此，在南交所稀土产品交易平台上，稀土氧化物已经成为常态化、证券化、电子化、货币化的流通品，或将成为继黄金、白银后的又一种国际化的投资品种。

显然，通过南交所稀土产品交易中心，稀土产品已从单纯的工业品变成了投资品。因为门槛极低，能极大地调动民间资本参与收储。同时更多的稀土生产企业和下游冶炼分离企业也可以参与其中，会极大地促进稀土产品的销售和流动。同时还可以鼓励国内投资者参与到稀土产业中，最终形成从探矿、开采、冶炼、深加工，再到循环利用的有序化和合理化的市场。

另外，稀土交易电子化平台的建立，不仅可以稳定稀土产品的价格和规范交易行为。同时，统一的市场报价也有利于中国稀土企业在和国外买家谈判时争取更多的话语权，确立中国稀土的全球定价权，形成中国稀土定价机制。

在搭建交易所平台、缔造中国稀土定价权的同时，引导产业投资，鼓励稀土加工高端技术的创新，呼吁产业升级也成为业内共识。中国稀土学会副秘书长张安文曾表示："能否发挥稀有金属的资源优势还有赖于整个中国科技水平的发展。发展稀土，其实功夫在稀土之外。要跳开稀土看稀土，扩大高科技应用量。"

事实上，为应对该诉讼案件以及改善国内市场竞争环境，中国政府早已着手推动进行行业升级。2012年11月，财政部、工信部联合发布《稀土产业调整升级专项资金管理办法》，专项资金支持内容包括：稀土资源开采监管；稀土采选、冶炼环保技术改造；稀土共性关键技术与标准研发；稀土高端应用技术研发和产业化；公共技术服务平台建设。2013年9月，工信部和财政部又联合实施了2013年稀土产业调整升级的专项项目的审查，并同步下发了知识项目计划，进入名单的企业将获得稀土产业调整升级专项资金的扶持。

对于稀土资源，国内各企业也在积极探索行业发展、保护的新路。据悉，先进稀土材料产业技术创新战略联盟（试点）在北京启动。先进稀土材料产业技术创新战略联盟目前集聚了6家稀土大集团以及国内重点稀土材料企业、科研机构和高等院校共33家成员单位。该联盟主要针对我国稀土产业发展中所面临的重大关键技术问题，积极开展产、学、研、用的有效合作，进行产业技术创新，加速科技成果转化和产业技术升级。

第二节　假如WTO稀土贸易再遭起诉，
中国如何应对？

在稀土贸易端已经交过太多学费的中国政府，如果因为资源税政策、大集团整合政策再次被WTO起诉的话，该如何应对？

目前国内包括稀土和稀有金属在内的各行业产能和产量相对过剩现象严重，在传统的自由现货交易市场上各行业企业只能坐等中国大量稀缺资源重现"白菜价"的现象，且在资源枯竭和环境遭到严重破坏的时候，只有子孙后代为此"买单"。如何通过市场化的手段来实现既能保护资源又能实现稀缺资源的价值的商业模式是业内亟待解决的问题。

一、从保护环境角度出发

开采稀土对环境的破坏很大，如果持续滥采滥伐，不但中国稀土会很快被开采一空，对环境的破坏也会给生态带来巨大的灾难。

所以，从环保角度出发，我国对稀土开采必须加强管理。这一点应该是国家、全民的共识。

在有的人看来，保护资源环境就是加强配额限制，甚至封矿云云。真的可以这样吗？实际上在当前市场经济、全球贸易状态下是不行的。如果不对症下药，仅仅是封肯定封不住。特别是在整个行业都较为混乱的情况下，管理都无从下手，行政管制只能加剧滥采滥伐和稀土走私的情况，并不能真正解决问题。而且，作为世界第一大贸易国，如果都不遵守WTO规则，那么中国在贸易上就可能会受到发达国家围攻，这会严重增加我国的贸易风险，不是上策。那么，该用什么手段？如何加强管理呢？

用市场手段，要依法处理！

所谓"市场手段，依法处理，"就是对国内滥采滥伐的情况进行全方位治理，对整个行业进行整合，最终整合成几家大型的稀土企业。与此同时，还要制定相应的法律法规，对整个市场进行依法管理。未来，若只有几家企业可以开采稀土，对稀土行业的管理就容易多了。

此外，政府不但可以大幅提高资源税从而提升企业的稀土成本，还可以提升开采的环境保护要求，遏制滥采滥伐。当然，通过整合、治理，还可以将整个产业链融合在几家大企业当中，这样随着稀土提炼工艺水平的提升，中国在技术上就不再受制于人，也可以向境外直接出售高端稀土获利。如此，价格也卖上去了，滥采滥伐也就消失了。

随着世贸组织正式宣布稀土案WTO败诉，加之国内"5+1"大稀土集团方案的推进，目前国内稀土行业的兼并重组无疑已进入白热化阶段，六大稀土巨头的行业格局也已初显轮廓。在组建六大稀土集团、收储、违规开采整顿等一系列利好作用下，稀土行业目前已显现出周期性底部拐点的趋势。同时，据《21世纪经济报道》消息，国储局目前已经与中国铝业、中国五矿、赣州稀土、厦门钨业和广晟有色签订了稀土收储协议，稀土价格已确立了上涨趋势。南交所稀土产品交易中心分析师认为，结合出口政策的出台，国内稀土企业应积极消化国内部分产能过剩的稀土产品库存，提振稀土价格，提高稀土行业利润，促使大批投资者参与到国内稀土企业的并购重组及收购之中。

2015年，国家正式将稀土出口配额取消，相应的国家有关部门正在酝酿将稀土资源税计征方式由原先的"从量计征"转变为"从价计征"。根据目前初步确定的方案，北方轻稀土资源税税率将按照22%计征，南方离子矿按照35%计征，就全国而言，稀土资源税税负将大幅提高。这一措施有助于缓解国内部分产能过剩的情况，对国内稀土市场价格的提振也有一定作用。在随后的一年间，可预见的是国内具有稀土运营资质及稀土冶炼分离的中游企业只有往"5+1"稀土集团靠拢才有出路，下游的稀土产品定价平台（南交所稀土产品交易中心）也将迎来新一轮的投资契机。南交所稀土产品交易中心分析师认为,除了放开稀土出口政策以外,其他配套举措也要相应跟得上才能够达到事半功倍的效果。在国家层面上,应在采矿、分离这两项指标不变的情况下,加速国内稀土行业的市场化松绑及提高矿产资源税。

二、用市场化手段制衡国际稀土定价权及供应量

对于一种商品,定价权是核心。如何拿到稀土的定价权呢?据笔者的经验来看,如何用市场化手段来实现中国对国际稀土的话语权应该包括四个层面:

1. 技术层面,即不在技术上受制于人。目前国际上大量的稀土深加工运用技术专利都被日本及欧盟垄断,我们应该从国家科技部及财政部层面积极推行国内稀土产业的技术研发及扶持奖励政策,提供良好的高端人才科研环境,让中国的稀土深加工利用能尽快冲破国际专利技术保护的壁垒,最终尽量出口稀土深加工产品而不是初级产品,提升稀土产品的附加值。

2. 提高资源税,增加稀土开采成本。稀土资源是不可再生的矿产资源,同时采矿对环境都会造成不同程度的危害。提高矿产资源税不但可以增加财政收入,还可以在环境修复及保护方面给予适当的补偿,同时通过提升成本,提高稀土出口价格。

3. 行业整合,将整个行业整合到几家大型企业集团下。通过六家稀土集团的平台,对全国稀土产业的采矿、分离冶炼、综合回收

等指标进行管控及分配，有利于遏制"黑稀土"的再次蔓延，同时也对稀土供应起到平衡及相对稳定的作用。这一工作现在已进入尾声，中国政府对稀土行业的制度修订案应该已经接近出台。

4. 建立稀土证券化交易市场。如何保证定价权？在市场经济游戏规则下，最好的方式就是建立证券化市场。美国用"石油美元"奠定了对"工业血液"的定价权，中国完全可以将稀土和人民币捆绑来获得"工业黄金"的定价权。同时，通过这种定价权的获得，中国还可以将这一战略资源作为大国博弈的一种战略工具，关键时刻先发制人。

南交所稀土产品交易中心经过一年多的探索和发展，找到了一条保护稀缺资源、实现供应链融资和实现稀有金属价值的商业收储模式。在通过将稀有金属的社会库存显像化，在交易所电子平台上通过充分竞争形成价格，以使交易产品价格更加公平。

南交所稀土产品交易中心的证券化及商业收储模式得到了政府、生产企业和广大投资者的认可。众多行业内网站均将南交所数据及其动态走势纳入其行业大数据库，是其稀土氧化物价值尺度的重要参考。值得关注的是，国外重要稀有金属生产企业和下游消费商认识到南交所模式是当今稀有金属交易不可绕开的平台，故逐渐与交易所建立合作关系，并通过境内公司参与到交易所开户交易，这说明南交所开创的证券化及商业收储模式得到了国内、国外稀有金属产业的认可。南交所模式的证券化及商业收储也实现了稀有金属进出口的有序流动；将部分产能过剩的稀土氧化物放至交易平台中换手流通，有效地调动了民间资本的参与，使稀土生产冶炼企业的资金得以盘活；避免了大量走私、中国单方面出口廉价产品和高价进口加工提炼产品的局面，达到了保护我国重要稀有金属资源的目的。平台的供应链融资方案有力地支持了中国稀有金属行业的良性发展。在WTO框架下，独特的南交所证券化模式，正成为我国资源保护领域新的可借鉴的解决方案。

在WTO框架内探索稀有资源保护市场化解决方案，并对现有的合理的证券化及商业收储模式进行保护和支持，实现中国稀土和稀有金属行业更加有序合理地发展，才是王道。

后　记

本书描述了南交所稀土产品交易中心从项目创立至今，率先在国内将稀土证券化的业务模式与互联网金融相融合挂钩，开创了中国乃至国际的稀土证券化投资交易平台；讲述了我们如何在媒体中引爆稀土证券化，如何引起稀土行业人士及相关政府部门对南交所稀土产品交易中心运营模式的了解及认可。在这里笔者要特别感谢公司的团队，是他们为本书的写作提供了所需的资料及数据，使得本书仅仅用了三个多月的时间就完成了创作。他们的满腔热情是本书得以顺利推出的重要原因。本书是稀土行业首部经济类著作，也是南交所稀土产品交易中心企业文化建设历史上的又一项丰硕成果。

在本书撰写过程中，我们也有幸获得了包括广东省人民政府、中国电子信息产业发展研究院、平远县人民政府、清华大学材料学院、中国战略管理与研究会、中国科学院长春应用化学研究所、中国稀土学会、中国稀土行业协会、五矿稀土、广晟有色、盛和资源、汇志传媒、九个头条、搜狐财经、凤凰财经、网易财经、和讯财经、我的有色网等政府部门、行业管理机构、科研院所及相关媒体对项目发展的点拨及修正，机关人士提出了不少宝贵意见，在此，我们深表谢意。本书采纳了部分专家学者所提供的观点和思路，使本书能在稀土行业未来的健康发展上具备一定的前瞻性。此外，还要特别感谢清华大学材料学院的翁端教授，他为我们项目的推动提供了多方面的支持。

在本书的编写过程中，我们走访了诸多机构、企业，采访了众多财经类人士及专家学者，获得了不少创作意见。但是，由于时间仓促，信息量大，本书的数据可能会有所错漏、有失偏颇，希望读者、业内人士及相关数据机构部门能给予批评指正。后续我们将推出"征战"系列丛书，旨在为国内稀土行业提供一系列专业而又极具投资参考价值的经济类丛书。

中国稀土行业多元化发展的大潮已经势不可挡，中国目前要做的就是把握产业证券化、金融化的趋势，引导国内产业链的健康发展，防止它冲垮堤岸，流到国外。我们提出的"稀土证券化"就是让这股潮流不减退，持续下去，同时让中国通过控制稀土这一极具战略性的资源来争夺国际社会的稀土定价权。

图书在版编目(CIP)数据

征战中国稀土/吴海明著. 一成都:西南财经大学出版社,2015.7
ISBN 978 - 7 - 5504 - 1904 - 9

Ⅰ.①征… Ⅱ.①吴… Ⅲ.①稀土金属—金属工业—研究—中国
Ⅳ.①F426.1

中国版本图书馆 CIP 数据核字(2015)第 100833 号

征战中国稀土

吴海明 著

责任编辑:王利
助理编辑:魏玉兰
特约编辑:孙明星 苏布谷 王云强
封面设计:墨创文化
责任印制:封俊川

出版发行	西南财经大学出版社(四川省成都市光华村街55号)
网 址	http://www.bookcj.com
电子邮件	bookcj@foxmail.com
邮政编码	610074
电 话	028 - 87353785 87352368
印 刷	郫县犀浦印刷厂
成品尺寸	165mm×230mm
印 张	15.25
字 数	145 千字
版 次	2015 年 7 月第 1 版
印 次	2015 年 7 月第 1 次印刷
书 号	ISBN 978 - 7 - 5504 - 1904 - 9
定 价	38.00 元